U0580390

"双碳"目标下
绿色金融助推绿色发展的
理论、机制与评价

胡天杨　著

The Theory, Mechanism and Evaluation
of Green Finance Promoting Green Development
under the Carbon Peaking and Carbon Neutrality Goals

WUHAN UNIVERSITY PRESS
武汉大学出版社

图书在版编目(CIP)数据

"双碳"目标下绿色金融助推绿色发展的理论、机制与评价/胡天杨著.—武汉:武汉大学出版社,2022.12
ISBN 978-7-307-23409-3

Ⅰ.双… Ⅱ.胡… Ⅲ.金融业—绿色经济—经济发展—研究—中国 Ⅳ.F832

中国版本图书馆 CIP 数据核字(2022)第 209275 号

责任编辑:任仕元 责任校对:李孟潇 版式设计:马 佳

出版发行:**武汉大学出版社** (430072 武昌 珞珈山)
(电子邮箱:cbs22@whu.edu.cn 网址:www.wdp.com.cn)
印刷:武汉科源印刷设计有限公司
开本:720×1000 1/16 印张:14.25 字数:202 千字 插页:1
版次:2022 年 12 月第 1 版 2022 年 12 月第 1 次印刷
ISBN 978-7-307-23409-3 定价:49.00 元

前　言

　　作为现代经济的核心，金融在资源配置和提升实体经济效率方面发挥着重要作用。在当前碳达峰、碳中和的"双碳"目标驱动下，在经济向高质量发展转型过程中，如何缓解工业化进程所面临的资源环境约束，实现经济与环境的协调发展，绿色金融就成了必不可少的配套支撑，并被赋予了更多的责任和使命。本书重点研究了在"双碳"目标驱动下，中国产业结构调整和宏观经济转型的进程中如何充分考虑绿色发展因素，如何从政策层面引导金融市场对绿色发展提供有效支持，不仅使金融体系向绿色化方向发展，更要支持和推动经济由资源消耗型向资源节约型、技术进步型和环境友好型转变。本书从理论和实证两个方面对此进行分析。在理论方面，本书系统梳理金融学与经济学相关理论，对绿色金融与绿色发展的内在关联性进行了研究，通过将信息经济学与规制理论结合构建全书的分析框架，认为绿色金融推动绿色发展的核心是将环境外部性问题通过金融机制转化为内生性收益问题，绿色金融通过金融的资源配置功能把资源环境从传统经济学意义上的公共品或准公共品属性变成具备高度稀缺性的价值资源，使得市场机制能够在环境资源中发挥作用，实现环境资源在社会经济范围内的优化配置。具体而言，绿色金融以内部化绿色发展和外部性的政策体系(包括产业政策、监管政策、行业规范政策和社会评价体系等)为内核，在绿色金融市场提供的信号激励和流动性保证下，促使金融机构提供绿色金融工具，以资源配置引导企业减少对环境有负面影响的投资项目，增加节能减排、环境治理等技术含量高且环境污染少的投资项目，进而带动经济的绿色转型与发展。基于以上理论分析框架，本书进一步以市场反应和经济效果为主线，对绿色金融的融资导向及其取得的经济成效进行实证研究，考察投资者和企业在绿色金融政策推进过程中的行为，以及绿色金融政策对企业绿色转型和经济绿色发展的促进作用。

首先，从市场短期反应看，以中国上市公司发行绿色债券的市场反应为研究对象，本书发现企业发行绿色债券的行为对外部融资具有激励效应。企业发行绿色债券后释放出该企业的环境治理行为和技术得到债券市场投资者和政府监管部门认可的双重信用认证信号，且企业会获得发行流程简化、发行利率和税收降低等方面的政策优惠，使资本市场投资者对发行绿色债券的企业有正面的市场反应，企业将获得更多的外部融资。进一步拓宽了发行绿色债券企业的融资渠道，使其在资本市场上也得到融资优势，解决了环保行业的企业普遍面临的投资额度大且回报周期长的问题，有更多资金用于绿色技术领域的创新研发中。从经济结果上看，发行绿色债券的上市企业相比发行普通债券的企业而言，具有更高的全要素生产率水平。

其次，从市场长期反应看，当前企业环境信息披露的自由裁量权过大，在披露方式、内容和数量上存在过多可操作空间，环境信息披露政策在资本市场上的效果显著与否暂无定论。在此背景下，本书采用2009—2018年中国重污染行业上市企业数据考察第三方评估机构介入环境信息披露的评价体系后，是否引发了被评价企业的市场反应。研究发现，较低的环境信息披露水平所隐含的不确定性诱导大股东和机构投资者减持以规避风险，第三方机构的介入导致被评价企业市值整体下降；因国有企业和大中型企业中以稳定型投资者为主，在第三方机构介入后受到的负向冲击更为显著；第三方机构的介入提升了非国有大中型企业后续的环境披露水平。因此，第三方评价激发了资本市场的绿色导向，通过提供新的信号传递渠道构建绿色识别机制，进而促进资金优化配置。

最后，从经济效果评价看，绿色信贷政策的约束效应导致污染行业绿色全要素生产率整体下降，这意味着污染行业的污染排放量下降是由于企业迫于环境规制压力，采取末端治理的方式进行的，并未因绿色信贷政策的规制而实现绿色转型。但绿色信贷政策对环保企业存在显著的激励效应，环保企业得益于绿色信贷政策的扶持，绿色全要素生产率整体提升，实现了绿色增长。此外，重视研发投入的污染行业企业受绿色信贷政策的负向冲击较小，不重视研发投入的环保行业企业也并未得到绿色信贷政策的正向支持。绿色信贷政策的效果和影响程度根据企业研发投入的高低而有所不同，处于限制淘汰类行业的污染企业在整体行业受负面影响的情况下，如果及时转变经营理念，其绿色全要素生产率仍会提升。

　　本书在研究理论应用、研究视角转换以及使用数据上均有所创新。在理论应用方面，本书从理论上梳理了环境经济相关思想理论。在当前学术界尚未形成绿色金融完备理论的背景下，本书引入新规制理论和金融规制理论，并对主流金融和经济理论思想进行分析。在研究视角转换方面，从研究主体上看，本书分别从政府、企业和第三方的视角探索其对绿色金融发展的推动作用及具体实施效果，在环境治理和经济发展的双赢目标下为三方凝聚绿色金融的共识，形成合力，共同促进经济绿色发展。从研究路径上看，本书的研究包含了直接融资和间接融资两种渠道，从金融促进经济发展的直接和间接渠道"双视角"进行探索和剖析。从研究期限上看，本书将长期和短期视角相结合，既分析了绿色金融政策在资本市场的短期反应，也分析了其对企业产生的长期经济效果。在使用数据方面，已有文献大多采用地区级或行业级数据进行绿色金融的相关分析，本书将研究重心放在微观企业的行为分析上，企业是经济社会中参与的主体，通过应用企业级数据考察绿色金融的政策效应可以对现有研究成果进行更丰富、更完备的补充和推进。具体而言，本书使用了上市企业数据、中国工业企业数据和企业污染数据库的相关数据，并将工业企业数据与企业污染数据相匹配，得出了更丰富的实证结论。

目　　录

第1章 "双碳"目标的演化与绿色金融的作用

自工业革命以来，人类社会的生产规模迅速扩大，人口急剧扩张，经济持续增长。在增加物资财富和追逐经济利益的目标驱动下，资源和原料的需求与消耗量剧增，不断逼近生态环境的承载极限。煤、石油和天然气等化石燃料的高消耗释放了大量的温室气体，成为引发气候变化的最主要因素。生态环境的恶化以及日益频繁的极端气候事件从根本上威胁到人类的生存，环境问题不可避免地成为人类社会进一步发展的掣肘。在此背景下，如何通过绿色低碳发展形成经济社会繁荣稳定与环境保护和谐统一的发展范式，成为全球性的共同议题。

1.1 "双碳"目标的起源与演化

1992年，联合国环境与发展会议制定了《联合国气候变化框架公约》，旨在控制温室气体排放；1997年，《联合国气候变化框架公约》缔约方大会第三次会议制定了《京都议定书》，对《联合国气候变化框架公约》进行了具体的补充，提出各国要承担"共同但有区别的责任"，规定发达国家从2005年开始承担碳减排的义务，发展中国家从2012年开始承担碳减排义务，共有150多个国家和地区签约。2009年，联合国在丹麦哥本哈根召开第九届气候变化大会，《京都议定书》的缔约方共同探讨第一阶段承诺到期后的碳减排方案，但并未达成有法律约束力的协议。

2015年，第21届联合国气候变化大会通过《巴黎协定》，对2020年后全球应对气候变化的行动做出统一安排,成为继《京都议定书》后第二份有法律约束力的气候协议。2017 年 11 月,共有 197 个《联合国气候变化框架公约》缔约方签署了《巴黎协定》,这些缔约方的温室气体排放量占全球温室气体排放量的比例接近 100%。《巴黎协定》标志着全球气候治理的理念被定义为绿色低碳发展,奠定了世界各国广泛参与碳减排的基本格局,国际社会应对气候变化的进程由此向前迈出了关键一步。

在《巴黎协定》签订五年后,《联合国气候框架公约》缔约方大会第二十六届会议(COP26)因疫情原因延后一年召开,于 2021 年在英国格拉斯哥举行并签署了《格拉斯哥气候公约》。其主要内容包括首次承诺降低化石燃料的使用、提升缔约国国家自主贡献目标、建立全球碳市场机制以及气候变化投融资等。《格拉斯哥气候公约》是第一个要求减少化石燃料使用的国际协定。COP26 期间的成果还包括签署《森林和土地利用的格拉斯哥领导人宣言》、正式启动《全球甲烷减排承诺》、中美两国联合发布的《中美关于在 21 世纪 20 年代强化气候行动的格拉斯哥联合宣言》、国际可持续准则理事会的成立和民间资本对净零排放的支持。国际气候合作制度的具体演化过程参见表 1.1。

表 1.1 国际气候合作制度演化过程

时间	协议名称	主要内容
1992 年	《联合国气候变化框架公约》	该公约是世界首个应对全球气候变暖的国际公约,也是国际社会在应对全球气候变化问题上进行国际合作的基本框架。此后历年召开的气候变化大会均以该公约为基础,该公约具有法律约束力。
1997 年	《京都议定书》	该议定书是首个设定强制性减排目标的国际协议,确定了减排气体的种类、时间和额度,设置了温室气体排放的目标:从 2008 年到 2012 年,主要工业发达国家的温室气体排放量要在 1990 年的基础上平均减少 5.2%。该议定书于 2005 年生效,具有法律约束力。

时间	协议名称	主要内容
2009 年	《哥本哈根协议》	该协议提出建立帮助发展中国家减缓和适应气候变化的绿色气候基金。发达国家承诺在 2010—2012 年提供 300 亿美元用于将气温升高控制在 1.5℃ 以内。该协议授权《联合国气候变化框架公约》及《京都议定书》两个工作组继续进行谈判。该协议并不具备法律约束力。
2015 年	《巴黎协定》	该协定设定的长期目标是把全球平均气温升幅控制在工业化前水平以上低于 2℃ 之内，并努力将气温升幅限制在工业化前水平以上 1.5℃ 之内；提高适应气候变化不利影响的能力，并以不威胁粮食生产的方式增强气候复原力和温室气体低排放发展；使资金流动符合温室气体低排放和气候适应型发展的路径。各缔约方将以自主贡献的方式参与全球应对气候变化行动。该协定具有法律约束力。
2021 年	《格拉斯哥气候公约》	该公约重申了《巴黎协定》的目标，缔约方首次统一承诺分阶段压减淘汰未进行碳移除的煤电，提出应逐步减少煤炭使用，减少对化石燃料的补贴。敦促发达国家缔约方到 2025 年至少将其向发展中国家缔约方提供的用于适应气候变化的资金总额从 2019 年的水平增加 1 倍。批准了建立全球碳市场框架的规则。在提升国家自主贡献目标、森林保护、甲烷减排、低碳技术创新合作、终结化石能源使用、气候变化投融资等方面均有一定进展。

（资料来源：笔者根据公开信息整理）

　　应对气候变化所引发的生态危机，实现碳中和是必然选择。全球许多国家在《巴黎协定》后提出了碳中和或净零排放长期目标。截至 2021 年末，包括中国、欧盟、加拿大等在内的 29 个国家或地区以纳入国家法律、提交协定或政策宣示的方式正式提出了碳中和的相关承诺，具体信息参见表 1.2。

表 1.2 全球主要国家的碳中和承诺

国家	碳中和承诺	类别
中国	2060 年	官方政策宣示,并已出台省级地方性法规①
芬兰	2035 年	官方政策宣示
奥地利、冰岛	2040 年	官方政策宣示
瑞典、德国	2045 年	已立法
英国、法国、瑞典、丹麦、新西兰、匈牙利、挪威、爱尔兰、西班牙、韩国、加拿大、日本	2050 年	已立法
美国	2050 年	竞选承诺
印度	2070 年	官方承诺

(资料来源:笔者根据公开信息整理)

中国是最早制定实施应对气候变化国家方案的发展中国家。长期以来,中国始终高度重视气候变化问题,主动承担相应责任,积极参与国际对话,坚持绿色发展、循环发展和低碳发展,在经济社会发展的全局中融入应对气候变化的方案和策略。

2007 年,国务院制定并发布了《中国应对气候变化国家方案》,这是中国第一部应对气候变化的全面政策性文件,也是发展中国家颁布的首部应对气候变化的国家方案。中国在 2009 年联合国第九届世界气候大会哥本哈根会议召开前,就已提出量化减排目标,承诺到 2020 年,单位 GDP 二氧化碳排放量较 2005 年下降 40%~45%,目前该目标已提前完成。"十一五"

---

① 2021 年 9 月 27 日,天津市十七届人大常委会第二十九次会议审议通过了《天津市碳达峰碳中和促进条例》(以下简称《条例》),自 2021 年 11 月 1 日起施行。这是中国首部以促进实现碳达峰、碳中和目标为立法主旨的省级地方性法规。该《条例》以法规形式明确管理体制、基本制度和绿色转型、降碳增汇的政策措施。

规划规定，中国要在五年内使单位 GDP 能耗下降 20%，随着中国经济快速增长，碳排放强度已不断降低[1]。"十二五"期间采取的节能降耗减排措施成效显著，践行"绿水青山就是金山银山"理念已贯穿整个生态文明建设，气候变化议题开始进入中国经济社会发展规划的顶层设计。"十三五"规划明确提出"创新、协调、绿色、开放、共享"五大发展理念，并进一步提出大力发挥金融市场对绿色发展的支持。

2015 年 6 月，中国向联合国气候变化框架公约秘书处提交了《强化应对气候变化行动——中国国家自主贡献》文件；2016 年 4 月，中国签署了《巴黎协定》；2016 年 9 月，中国发布了《中国落实 2030 年可持续发展议程国别方案》。在 2020 年召开的第七十五届联合国大会一般性辩论上，中国宣布将力争于 2030 年前实现二氧化碳排放达到峰值，努力争取在 2060 年前实现碳中和，这被称为碳达峰、碳中和的"30·60"目标。这是中国基于可持续发展的内在要求和构建人类命运共同体的责任担当做出的重大战略决策，强调要树立命运共同体意识和合作共赢理念，改革和完善全球治理体系。

2021 年 10 月，国务院发表《中国应对气候变化的政策与行动》白皮书[2]，介绍中国应对气候变化的进展，并分享中国应对气候变化的实践经验。其中指出，中国一直坚定走绿色低碳发展道路，积极探索低碳发展新模式，充分发挥市场机制作用，以增强适应气候变化能力。当前已取得了显著的成效，经济发展与减污降碳协同效应凸显，在经济社会持续健康发展的同时，碳排放强度显著下降；能源生产和消费革命取得显著成效，非化石能源快速发展，能耗强度显著降低，能源消费结构向清洁低碳加速转化；产业低碳化为绿色发展提供新动能。

中国的碳中和发展历程见表 1.3。

---

[1] 碳排放强度指单位国民生产总值(GDP)的增长所产生的二氧化碳排放量，如果每单位国民生产总值所带来的二氧化碳排放量在下降，就说明该国实现了低碳的发展模式。

[2] http://www.gov.cn/zhengce/2021-10/27/content_5646697.htm.

表 1.3 中国碳中和发展历程

时间	事件	主要内容
2020 年 9 月 22 日	第七十五届联合国大会一般性辩论	中国首次明确要采取更加有力的政策和措施,二氧化碳排放力争于 2030 年前达到峰值,努力争取 2060 年前实现碳中和。
2020 年 12 月 16 日	中央经济工作会议	确定 2021 年要抓好八项重点任务,其中包括做好碳达峰、碳中和工作。要抓紧制定 2030 年前碳排放达峰行动方案,支持有条件的地方率先达峰。要加快调整优化产业结构、能源结构,推动煤炭消费尽早达峰,大力发展新能源,加快建设全国用能权、碳排放权交易市场,完善能源消费双控制度。要继续打好污染防治攻坚战,实现减污降碳协同效应。要开展大规模国土绿化行动,提升生态系统碳汇能力。
2021 年 1 月 11 日	生态环境部印发《关于统筹和加强应对气候变化与生态环境保护相关工作的指导意见》	从战略规划、政策法规、制度体系、试点示范、国际合作等 5 个方面,建立健全统筹融合、协同高效的工作体系,推进应对气候变化与生态环境保护相关工作统一谋划、统一布置、统一实施、统一检查。加快推进应对气候变化与生态环境保护相关职能协同、工作协同和机制协同,加强源头治理、系统治理、整体治理,以更大力度推进应对气候变化工作,实现减污降碳协同效应,为实现碳达峰目标与碳中和愿景提供支撑保障,助力美丽中国建设。
2021 年 2 月 22 日	国务院印发《关于加快建立健全绿色低碳循环发展经济体系的指导意见》	指导意见提出,建立健全绿色低碳循环发展经济体系,促进经济社会发展全面绿色转型,是解决我国资源环境生态问题的基础之策。指导意见明确,到 2035 年,绿色发展内生动力显著增强,绿色产业规模迈上新台阶,重点行业、重点产品能源资源利用效率达到国际先进水平,广泛形成绿色生产生活方式,碳排放达峰后稳中有降,生态环境根本好转,美丽中国建设目标基本实现。

续表

时间	事件	主要内容
2021 年 3 月 5 日	十三届全国人大四次会议	"十四五"规划中提到要扎实做好碳达峰、碳中和各项工作。落实 2030 年应对气候变化国家自主贡献目标,制定 2030 年前碳排放达峰行动方案。推动落实《联合国气候变化框架公约》及《巴黎协定》,积极开展气候变化南南合作。
2021 年 8 月 9 日	中国人民银行发布《2021 年第二季度中国货币政策执行报告》	人民银行设立碳减排支持工具,通过向符合条件的金融机构提供低成本资金,支持金融机构为具有显著碳减排效应的重点项目提供优惠利率融资。以精准直达的方式支持清洁能源、节能环保、碳减排技术的发展,并撬动更多社会资金促进碳减排;强化对绿色金融的支持,围绕实现碳达峰、碳中和战略目标,在银行间市场创设碳中和专项金融债以及碳中和债务融资工具品种,支持具有显著碳减排效应的项目。引导商业银行按照市场化原则,对煤炭等传统能源产业转型升级给予合理必要支持。
2021 年 10 月 10 日	中共中央、国务院印发《国家标准化发展纲要》	在完善绿色发展标准化保障方面,《纲要》提出要建立健全碳达峰、碳中和标准。加快节能标准更新升级,抓紧修订一批能耗限额、产品设备能效强制性国家标准,提升重点产品能耗限额要求,扩大能耗限额标准覆盖范围,完善能源核算、检测认证、评估、审计等配套标准。制定重点行业和产品温室气体排放标准,完善低碳产品标准标识制度。完善可再生能源标准,研究制定生态碳汇、碳捕集利用与封存标准。实施碳达峰、碳中和标准化提升工程。

续表

时间	事件	主要内容
2021 年 10 月 12 日	《生物多样性公约》第十五次缔约方大会领导人峰会	为推动实现碳达峰、碳中和目标,中国将陆续发布重点领域和行业碳达峰实施方案和一系列支撑保障措施,构建起碳达峰、碳中和"1+N"政策体系。中国将持续推进产业结构和能源结构调整,大力发展可再生能源。
2021 年 10 月 24 日	中共中央、国务院印发《关于完整准确全面贯彻新发展理念做好碳达峰碳中和工作的意见》	《意见》认为"双碳"目标是"实现中华民族永续发展的必然选择",明确了碳达峰、碳中和工作重点任务:一是推进经济社会发展全面绿色转型,二是深度调整产业结构,三是加快构建清洁低碳安全高效能源体系,四是加快推进低碳交通运输体系建设,五是提升城乡建设绿色低碳发展质量,六是加强绿色低碳重大科技攻关和推广应用,七是持续巩固提升碳汇能力,八是提高对外开放绿色低碳发展水平,九是健全法律法规标准和统计监测体系,十是完善政策机制。
2021 年 10 月 26 日	国务院印发《2030 年前碳达峰行动方案》	《方案》要求把碳达峰、碳中和纳入经济社会发展全局,坚持"全国统筹、节约优先、双轮驱动、内外畅通、防范风险"的总方针,有力有序有效做好碳达峰工作,明确各地区、各领域、各行业目标任务,加快实现生产生活方式绿色变革,推动经济社会发展建立在资源高效利用和绿色低碳发展的基础之上,确保如期实现 2030 年前碳达峰目标。《方案》提出了非化石能源消费比重、能源利用效率提升、二氧化碳排放强度降低等主要目标。

续表

时间	事件	主要内容
2021 年 10 月 27 日	国务院新闻办公室发表《中国应对气候变化的政策与行动》白皮书	白皮书指出，气候变化是全人类的共同挑战。中国高度重视应对气候变化。作为世界上最大的发展中国家，中国克服自身经济、社会等方面的困难，实施一系列应对气候变化的战略、措施和行动，参与全球气候治理，应对气候变化取得了积极成效。白皮书主要内容为介绍中国应对气候变化进展，分享中国应对气候变化实践和经验，增进国际社会了解。

（资料来源：笔者根据公开信息整理）

1.2 中国能源消耗与碳排放现状

改革开放以来，中国经济一直保持高速增长，从 1978 年到 2020 年，中国经济的年平均增幅达 9.2%，创造了举世瞩目的经济增长奇迹。但在高速增长的背后，中国能源体系本质上是一个高碳和高煤的系统，能源短缺、资源枯竭以及环境污染等问题一直如影随形。

1.2.1 中国能耗总量巨大，碳排放仍在增长，节能减排任务艰巨

根据图 1.1 所显示的全球主要国家的初级能源供应总量，中国的能源消耗量长期在 20 亿吨石油当量以上，自 2008 年超过美国之后，与美国的消耗量差距逐年增大。而 2020 年中国的 GDP 为 14.73 万亿美元，美国的 GDP 为 20.93 万亿美元，中国的 GDP 占美国 GDP 的比例提高到 70.38%。这意味着中国 GDP 的增长所消耗的能源更多。图 1.2 显示了主要国家的单位 GDP 消耗初级能源总量，中国每单位 GDP 增加需要消耗 0.15~0.2 吨石油当量，仅次于俄罗斯，远高于美国和其他发达国家。由此可见，粗放型的经济增长方式需要更多的能源支撑，如不尽快转变经济增长方式，快速发展的需求与能

源不足的矛盾将越来越激烈。粗放型的经济发展模式带来的直接后果除了高能耗之外的另一大问题是高污染排放，图 1.3 和 1.4 表明，2008 年以后的六至八年里中国的二氧化碳排放量和排放强度高于北美及欧洲等国。

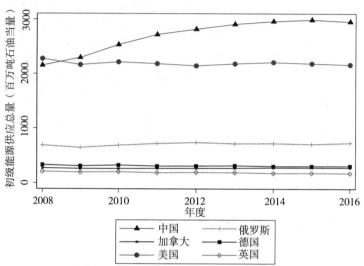

图 1.1　部分代表性国家初级能源供应总量
（数据来源：EPS DATA 数据库）

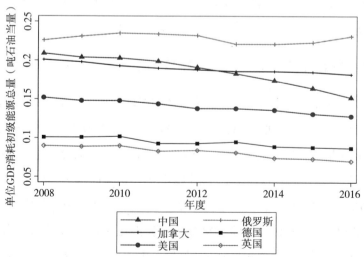

图 1.2　部分代表性国家单位 GDP 消耗初级能源总量
（数据来源：EPS DATA 数据库）

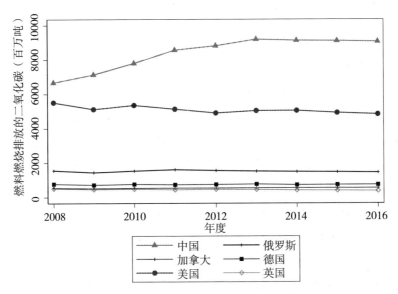

图 1.3 部分代表性国家二氧化碳排放量

（数据来源：EPS DATA 数据库）

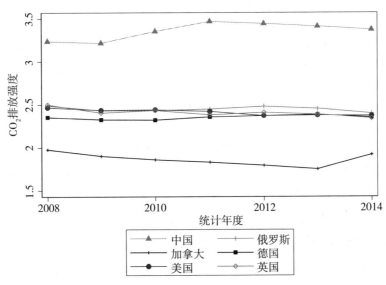

图 1.4 部分代表性国家二氧化碳排放强度

（数据来源：EPS DATA 数据库）

1.2.2 中国节能减排已取得的显著成果

经过数十年积极推动产业结构调整、能源结构优化以及重点行业能效提升，中国在二氧化碳减排方面已取得了显著成效，人均二氧化碳排放量远低于发达国家。中国将气候行动目标纳入国民经济和社会发展五年规划当中，加强应对气候变化和控制温室气体排放工作的力度。自 2012 年开始，中国单位 GDP 消耗的初级能源总量已降至 0.2 以下，且呈逐年下降的趋势，与美国的差距在逐渐缩小（参见图 1.2）。2009 年国务院批复的《国家应对气候变化规划（2014—2020 年）》中制定了到 2020 年我国单位国内生产总值二氧化碳排放比 2005 年下降 40%～50% 的目标。截至 2019 年中国单位国内生产总值二氧化碳排放相比 2005 年下降了 48.1%，提前完成了对国际社会承诺的目标，这说明中国经济在由高速发展向高质量发展转变的转型过程中，资源利用效率得以提升，是经济发展方式转变的表现。

与此同时，中国在可再生能源供给方面也存在较大发展潜力。可再生能源是实现"双碳"目标的一大主力军，而中国正是世界上最大的可再生能源生产和消费国。图 1.5 显示了主要国家可再生能源供给占初级能源的比重，中国的可再生能源供给占初级能源的比重与一般发达国家相近，说明中国的"清洁能源行动"已产生了积极成效，中国在可再生能源领域的地位日益突出，正在变成全世界可再生能源领域首屈一指的产能大国和最大的投资流入国。

1.2.3 重污染行业二氧化碳排放量居多，面临较大减排压力

具体到各行业的二氧化碳排放，从图 1.6 可以看出，全国二氧化碳排放份额中的大部分是来自重污染行业，即火电、钢铁、水泥、电解铝、煤炭、冶金、建材、采矿、化工、石化、制药、酿造、造纸、发酵和纺织等行业。因此，对碳排放的控制重点是严控高耗能行业新增产能，推进重污染行业如钢铁、石化、化工等传统高耗能行业实行绿色转型。图 1.6 显示，自 2005 年以来，二氧化碳排放量的年增长率趋于下降，在 2015 年左右甚至降为负值，这也说明了中国对气候变化和控制温室气体排放工作的重视，而且取得了一定成效。但需注意到年度二氧化碳排放总量仍居于高

位,要达到和实现碳达峰、碳中和的"双碳"目标,对经济社会发展的各领域都要进行全面改革,任重而道远。

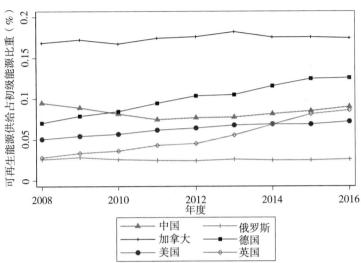

图 1.5　部分代表性国家可再生能源供给占初级能源的比重
(数据来源:EPS DATA 数据库)

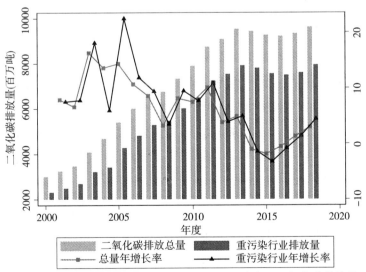

图 1.6　全国各行业二氧化碳排放总量和重污染行业二氧化碳排放量
(数据来源:中国碳核算数据库(CEADs))

13

1.3 绿色金融在"双碳"目标中的作用

经过上述分析可以发现,尽管中国的二氧化碳减排工作已取得阶段性成效,但要实现 2030 年碳排放达峰、碳强度下降 60%~65% 的目标,依然面临着诸多挑战。对于欧美等发达国家来说,碳达峰是一个伴随着国家经济和技术发展的自然过程,从碳达峰到碳中和的实现,通常要有 50 到 70 年的过渡期,而中国碳达峰和碳中和的速度更快、力度更大、任务更艰巨。一个拥有超过 14 亿人口的国家需要在不到 10 年的时间内实现碳达峰,在不到 30 年的时间内完成从碳达峰到碳中和,这将是一场大规模的社会和能源转型,实现"双碳"目标无疑任重而道远。

要实现近期"十四五"规划的约束性目标和长期的碳达峰、碳中和目标,需要经济社会完成全面的绿色转型,实现经济的绿色发展,使经济增长与环境保护得以双赢。"双碳"目标的达成意味着经济社会发展与碳排放相互"脱钩",即阻断经济增长与资源消耗或环境污染之间的联系,在实现经济增长的同时,二氧化碳排放量增速为负或者小于经济增速,其实质是杜绝以资源消耗和环境破坏为代价的经济增长。

碳脱钩的本质需求是促使能源结构转变,只有不断减少化石燃料消耗量,增加清洁能源的投资与消耗,促进可再生能源不断增长,才能实现不以牺牲环境为代价的经济增长。而能源结构转变的驱动因素离不开技术进步以及产业结构调整,技术进步提升了生产效率,产业结构调整使得落后产能退出市场且新型战略产业发展壮大,从而实现全社会的绿色转型。全面深刻的绿色变革与转型过程需要大量的资金支持,绿色金融通过优化资源配置以支持绿色转型,是经济社会绿色发展的重要资金来源。

根据不同研究机构的估算和对未来资金需求的分析,实现"双碳"目标的国际承诺需要 70 万亿到 140 万亿元的人民币投资(详情参见表 1.4)。《中国绿色金融发展研究报告(2020)》显示,2019 年新增绿色金融需求为 2.048 万亿元,但 2019 年新增绿色资金供给只有 1.43 万亿元,2019 年新增绿色资金缺口 0.618 万亿元。当前,绿色投融资离满足需求的缺口高达 4 万亿到 5 万亿元,以每年约 1 万亿元的速度持续增长。面对如此庞大和急需的资金需求,政府财政资金只是杯水车薪,需要通过市场进行弥补。金融业,特别是银行业金融机构积极参与并引导社会资本流动,利用绿色金融进行投融资支持,才能满足对绿色发展的资金需求。同时,绿色金融还具备资源与风险配置中介的职能,以避免资金在流向高污染高耗能行业后可能带来的经济金融风险,规避投融资风险,实现经济社会的稳定发展。

表 1.4 　　　　　　　　　实现碳中和目标所需要的资金估算

研究机构	情景假设	时间区间	估算总投资规模
国家发改委价格监测中心	2060 年实现"碳中和"	2020—2060 年	139 万亿元
清华大学气候变化与可持续发展研究院	1.5℃控温目标情景	2020—2050 年	138 万亿元
	2℃控温目标情景	2020—2050 年	100 万亿元
中国投资协会	2050 年实现"碳中和"	2020—2050 年	70 万亿元

(资料来源:清华大学气候变化与可持续发展研究院、中国投资协会等)

党的十九大报告指出:"推进绿色发展。加快建立绿色生产和消费的法律制度和政策导向,建立健全绿色低碳循环发展的经济体系。构建市场导向的绿色技术创新体系,发展绿色金融,壮大节能环保产业、清洁生产产业、清洁能源产业。推进能源生产和消费革命,构建清洁低碳、安全高效的能源体系。"

可见,在当前经济结构、能源结构、产业结构即将面临深度低碳转型的形势下,绿色金融不仅责无旁贷,更是大有可为。构建完善的绿色金融政策体系,引导和激励金融体系以市场化的方式支持绿色转型与绿色发展,是实现"双碳"目标至关重要的环节,绿色金融对于推动实现碳中和目标而言至关重要,是中国"双碳"目标政策框架中的重要组成部分。

第2章 绿色金融推进绿色发展的研究概述

2.1 选题背景与意义

2.1.1 研究背景

中国当前正经历着深度变革的经济社会演化过程。在过去改革开放40余年的时间里，中国经济长期保持高速增长，跃升为世界第二大经济体，城镇化进程加速，贫困人口大幅减少，创造了举世瞩目的"增长奇迹"。但与此同时，粗放型的经济增长模式也导致了资源和能源的过度消耗，产生了环境污染和生态破坏等诸多问题：时至今日，空气污染仍较为严重，337个地级市中半数以上环境空气质量不达标①。水污染问题不容忽视，全国范围内80.2%的地表水达到Ⅳ级，无法作为饮用水水源地②。生态退化形势严峻，水土流失面积294.91万平方千米，全国有2.7万条河流在过去三十年内消失③。

---

① 根据中国生态环境部《2019年中国生态环境状况公报》，2019年337个地级及以上城市中仍有180个城市环境空气质量超标，占比53.4%。
② 根据中国水利部2016年1月《地下水动态月报》，2015年对地下水水井进行监测：Ⅳ类水691个，占32.9%；Ⅴ类水994个，占47.3%，两者合计占比为80.2%。
③ 根据中国水利部、国家统计局2013年3月26日公布的《第一次全国水利普查公报》。

以有限的资源能耗支持无限的经济增长必然是发展的悖论，生态环境问题成为制约中国经济进一步发展的瓶颈。具体而言，体现在以下几方面：

第一，要素配置与技术偏向相背离。中国长期依靠资源要素投入推动经济增长，要素资源并未得到有效配置，未能有效地向技术和效率水平高的企业倾斜。例如，马红旗和申广军（2020）基于中国工业企业数据库研究发现钢铁行业2004—2013年间长期存在产能过剩，大量资本闲置。朱沛华和陈林（2020）基于1999—2013年工业企业样本发现造纸、化工原料制品等行业因产能过剩出现配置效率停滞状态。蔡跃洲和付一夫（2017）测算1978—2014年中国宏观和产业全要素生产率后发现，推动经济增长的要素配置方面存在明显的"逆技术进步倾向"：2010年以后，第二产业中产能过剩的钢铁、水泥、电解铝、平板玻璃等产业和第三产业中金融与保险、房地产等行业已呈现技术效应停滞或倒退，这些产业却积累了比其他行业更多的要素。当生态环境超过最大承载量，"人口红利"优势不再时，不合理的要素配置将不可避免地面临资源无法持续供给所带来的问题，显著制约经济增长。

第二，能源利用与经济增长相背离。自2010年以来，中国已经连续10年居全球第一位能源消费国，2019年能源消耗总量为48.6亿吨标准煤，比2018年增长了3.3%，比1980年增长约706%①。从图2.1可以看出，能源消费弹性系数自1997年以来呈急剧上升态势，超过GDP增速，直至2007年以后才降至1以下，这意味着长期以来经济高速发展的驱动力是以能源的更高速度消耗为代价的。孙传旺和林伯强（2014）利用随机前沿生产函数模型对中国37个工业部门2000—2009年能源要素配置效率进行测算，发现其中15个行业存在能源配置扭曲。从图2.2可发现，能源消费与国内生产总值保持趋同的增长趋势，且增长幅度较经济增长的幅度更大，尤其是相比工业GDP增长的平缓幅度，工业能源消费的增长幅度更明显。由此

① 根据中国国家统计局数据计算，https：//data.stats.gov.cn/easyquery.htm?cn＝C01.

17

可见，高质量发展亟须更清洁更节约的能耗技术。

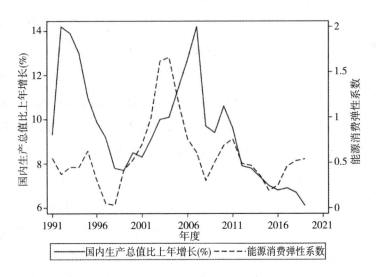

图 2.1　1991—2020 年全国能源消费系数与 GDP 增长率

（数据来源：根据国家统计局《中国统计年鉴》整理）

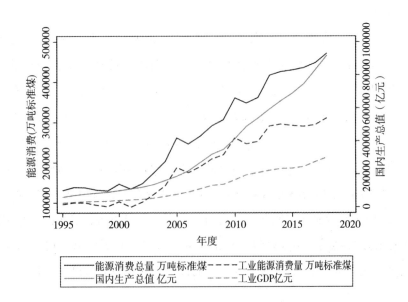

图 2.2　1995—2018 年全国能源消费量与国内生产总值

（数据来源：根据国家统计局《中国统计年鉴》整理）

第三，污染排放与利润增长相背离。当前中国产业面临着严重的供需结构失衡问题。一方面传统行业产能过剩，另一方面，技术含量和附加值较高的行业、清洁能源和低碳环保等行业所占的比重偏低。由于传统行业以第二产业中的重工业为主，依靠传统产业的增长意味着出现高污染高排放的可能性更大。图 2.3 为 1999—2015 年工业行业的二氧化硫排放量年均值，图 2.4 为 1999—2019 年工业行业的利润总额年均值。可以明显看到，工业各行业之间污染排放存在明显差异，传统的电力供应尤其是火力发电、黑色金属冶炼、采掘业和水泥行业等造成的污染极为严重。与此同时，这些行业创造的利润总额却低于高技术高附加值的产业。

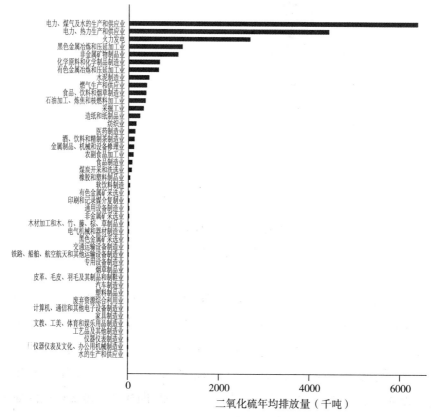

图 2.3　1999—2015 年工业各行业二氧化硫排放量均值

（数据来源：根据《中国环境统计年鉴》整理绘制）

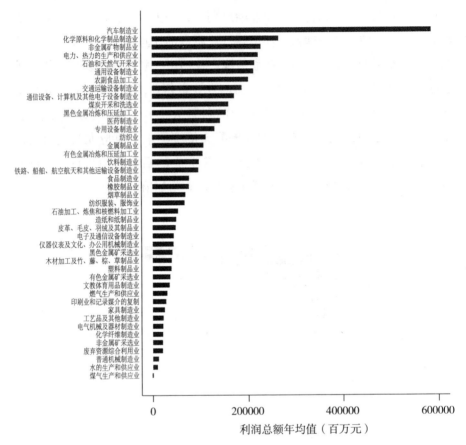

图 2.4 1999—2019 年工业各行业利润总额年均值

（数据来源：根据《中国统计年鉴》公布数据整理绘制）

传统的"两高一剩"行业不仅无助于经济的良性循环，生产过程中伴生的污染物还需要国家投入更多资金进行环境治理，从图 2.5 可以看出国家每年投入工业污染源治理的资金一直保持震荡上升的趋势。然而，即使末端治理能降低单位 GDP 的排放量，只要企业高污染的经济活动仍在持续进行，总体污染水平好转程度依然有限。产业结构的调整、传统产业的绿色转型和清洁产业的绿色发展迫在眉睫。

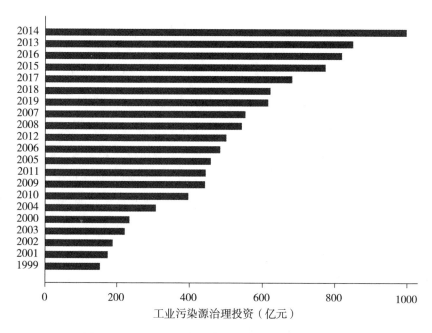

图 2.5 1999—2019 年国家工业污染源治理投资金额

(数据来源：根据《中国统计年鉴》公布数据整理绘制)

综上所述，如延续旧的发展模式，未来增长空间将极大受制于资源环境的强约束。如何解决业已造成的环境问题，打破发展路径依赖，是经济进一步发展面临的重要挑战。

金融作为现代经济领域资源配置的核心，对实体经济的影响至关重要。邵宜航等(2013)基于工业企业的微观数据发现金融市场对中小企业的融资约束等导致中小企业资源配置严重扭曲，造成总体资源配置扭曲，制约了企业全要素生产率的增长。陆江源等(2018)根据中国2000—2014年行业数据与美日等国对比分析，发现中国金融业扭曲损失严重，通过挤出作用约束了其他行业的产出和效率提升。由此可见，优化金融机构配置资源，引导金融业更好地支持和服务实体经济，提高资源配置效率，才能更好地推进经济增长。

为了达到经济绿色发展的目标，金融领域发挥着不可替代的作用。污染型产业结构源于污染型的投资结构,将末端治理转向前端治理是从根源上解决"越发展,越污染"局面的关键。只有将产业发展所需的资金优先进行绿色配置,才能从最前端进行改变。有鉴于此,构建有效的绿色金融体系,激励和引导大量社会资本进入绿色行业,建立新的激励和约束机制,使经济资源(如资金、技术、人力等资源)更多地投入清洁绿色的产业,抑制资源向污染型产业投入,方能从根本上推动经济绿色转型与发展。

在当前经济结构调整和增长方式转变的关键时期,对绿色金融和绿色投资的需求不断扩大。根据气候政策倡议委员会(CPI)发布的《中国扩大气候金融的潜力》报告测算,未来十年需要多达 95.45 万亿元的资金以实现中国在《巴黎协定》中的承诺以及关于碳减排的国际承诺,即"力争于 2030 年前二氧化碳达到峰值,努力争取 2060 年前实现碳中和"。这相当于投资规模要达到当前 4 倍以上的水平,才能满足实体经济如此规模巨大的节能低碳投融资需求。如此庞大的规模不可能仅依靠财政收入来负担,因此更需要通过绿色金融调动资源,引导更多社会资源进入绿色行业。当前绿色金融在中国金融体系中的渗透率约为 4%[①]。如何加深金融绿色化程度,以绿色金融促进经济高质量发展,是值得深入探究的问题。

对绿色金融的基础理论进行深入剖析,并对绿色金融的政策效果展开评估,有利于厘清和理解绿色金融推动中国向绿色经济转型的潜力,有助于制定灵活有效的绿色金融政策,缓解日益严峻的资源约束压力和绿色经济发展所需的融资缺口,确保生态文明建设中"既要绿水青山又要金山银山"的概念落实,将环境保护与社会发展目标统一起来。

2.1.2 选题意义

长期以来,金融学主要致力于研究在不确定情况下,资金的跨时间和跨空间的配置问题。这种配置不需要直接面对环境污染等的外部性造成的

---

① CPI publication, The Potential for Scaling Climate Finance in China, www. climatepolicyinitiative. org.

市场失灵，金融学只需要应对金融市场风险带来的单一的市场失灵。这意味着金融对环境的关注度是长期存在缺失的，也没有关注的驱动力。经济学早已开始关注并试图解决环境问题，由此产生了环境经济学，但金融领域对环境的关注依然不够。单从经济学角度治理环境问题，多偏向于末端治理，如制定排污税和进行排放权交易等。事实上，污染企业的生产带来环境损害，其根源在于存在污染型投资，而为污染企业提供融资服务的金融机构和投资方在治理污染的环节被忽略和缺失，没有承担起其应尽的责任，以至于无法从根本上扭转经济增长模式和污染治理效果。因此，有必要将金融机构和金融制度纳入环境治理框架，通过绿色金融模式从资金配置的根源上杜绝对污染企业的投资，促使经济向绿色发展模式转变。具体而言，通过研究绿色金融推进绿色发展的作用，有助于我们协调极具现实意义的三对关系。

第一，有助于界定市场与政府的关系，实现二者协同发展。

界定并处理政府与市场的关系是社会主义市场经济的核心议题（王佳菲，2016）。但在主流金融学范式下，并未对市场和政府的关系进行有效研究，尤其是将政府设为外生因素，并以市场效率最大化作为价值判断标准，并不能很好地适应和解决现实问题，也缺乏相应的经验支持（马勇和陈雨露，2014）。基于金融体系的特殊性，金融体系的系统性风险危害极大，存在外部性效应、溢出效应和传染效应等，均意味着政府应当在金融运行过程中有所作为。在金融规制的早期理论里，McKinnon（1993）的"金融抑制"和Hellman（1998）的"金融约束"在一定程度上认可了政府在金融助推经济发展中的积极作用。青木昌彦等（1997）则将政府视为经济过程的内在参与方，而不仅是解决市场失灵的外部机构。Tirole（2010）的新制度经济学理论也同样将政府的作用视为内生，同时将信息问题引入分析框架，在此框架下他也进行了金融规制的研究，如运用金融契约理论讨论最优监管问题等，论证了金融监管的必要性以及如何设计最优的监管政策。

绿色金融因兼具"环境"和"金融"两个属性，更需要政府和市场的平衡和兼容，从而促进绿色发展。

　　首先，对于绿色金融运行中的"市场失灵"问题，需要政府介入：通过金融引入资源治理环境所带来的社会效益明显，受益者众多，但无法向受益者收费，这意味着金融体系存在较大的外部性，在很大程度上属于（准）公共产品。绿色金融发展过程中出现的正外部性没有得到及时和足够的补偿，会出现金融机构绿色服务提供不足的问题。同时，环境污染是一种典型的负外部性行为，会造成个体污染成本低、社会经济成本高的公共利益损失。环境和金融两个领域的外部性问题使得政府的介入具有合理性和必要性。

　　其次，对于绿色金融运行中的"政府失灵"问题，需要市场发挥积极作用。以绿色信贷为例，政府介入后的基本思路是要求金融机构降低绿色企业融资成本，增加污染企业融资成本，进而使污染企业外部性成本内化。但银行作为金融机构其本质也是企业，会以追逐利益为最终目的，严格执行绿色信贷政策可能会使银行遭受经济损失（胡荣才和张文琼，2016）。同时，地方政府出于政绩考虑可能与银行"合谋"，银行经营目标可能会与中央政府的治理目标相背离（Cui et al.，2020）。这要求市场在配置资源中起基础性作用，提供有效的价格形成机制，通过价格信号有效激励绿色金融的各参与方转变理念和行为，落实绿色金融政策。

　　基于以上两方面分析，绿色金融可以通过构建政府与市场协同发展机制推进绿色发展。

　　第二，有助于厘清金融与实体的关系，促进金融服务实体经济。

　　美国垄断资本学派经济学家 Foster（2009）指出，自 20 世纪 60 年代以来，实体经济的盈利剩余没有回流到企业，而是流入 FIRE（金融、保险、房地产）部门，使之成为美国规模最大的行业。尽管这种泛金融化现象能产生一定的财富效应，但资金流向金融资产多是出于投机目的，产生的债务杠杆不仅危害经济稳定，而且远超实体经济所需要的额度。当经济体系稳健运行时，其经济增长的核心驱动力应当是实体经济。经济金融化现象的出现，意味着经济发展的驱动力来源于金融体系而非实体经济，从宏观层面看，实体经济的发展高度依赖金融体系，出现"脱实向虚"的情形。从微观层面看，"脱实向虚"表现为实体企业不再将经营利润用于实体运营，不再通过主营业务的销售和贸易获取利润；而是投资于金融资产，通过金融渠道获利（Krippner，2005）。由于企业过多地持有金融资产会挤占固定资产投资份额，因此对实体经济投资会产生显著抑制作用，甚至会造成风险集聚，制约经济发展。

中国发展绿色金融的背景与条件有别于发达经济体，且金融体系正处于转型关键期，金融深化程度、信用环境等都有别于发达经济体。因此，中国绿色金融更应当以新的发展思路和发展框架推进和实施，以服务实体经济为主要目标，才能克服经济金融化的桎梏，更好地实现资源配置的优化。具体实施过程包括，通过政策和市场信号降低绿色投资成本，提高环保清洁产业的投资回报率，降低污染产业的投资回报率，从而改变金融主体的行为偏好，将社会资本引入清洁绿色产业和高效循环产业，促进资本支持实体经济发展，从而实现绿色发展。

第三，有助于统一责任与利益的关系，引导企业承担环境责任。

对企业而言，追求利润最大化是必然选择。而企业承担社会责任可能挤占当期用于运营的资源，损害企业经济利益。围绕这个问题形成了两派观念：第一，古典和新古典经济学家认为企业不应当承担包括增加就业、减少污染等目标在内的社会责任。履行社会责任会减少企业的利润，是对股东和其他相关方不负责任的行为，Friedman（2007）的观点是"仅存在一种、且唯一的一种社会责任——即企业利用其资源，从事旨在增加其利润的活动"。第二，利益相关者理论认为，股东利益不应被视为最高利益，股东只是众多利益相关者中的一员，公司治理目标要关注包括政府部门、社区公众和消费者在内的多边相关主体利益（Freeman，1994）。要解决利润最大化和企业社会责任之间的冲突，需要构建企业的绿色内在驱动力。

绿色金融体系不仅为企业环境保护活动提供融资，而且还为实现企业的可持续发展提供各种金融产品和服务的创新，最终实现企业在经济上的可持续性和绿色发展的可持续性。以股票市场为例，绿色金融体系中的股票市场，不仅对企业的环保行为有反馈，也能对企业的可持续发展行为做出正向激励。对环保可持续效率越高的企业，给予的正向激励也越多（韩立岩等，2017；刘勇和白小滢，2020），从而使得企业从价值驱动的本质出发，自发进行绿色转型。因此，绿色金融的发展可以引导企业承担环境责任，更好地促进企业绿色转型，实现绿色发展。

2.2 研究思路与研究方法

2.2.1 研究思路

本书沿着绿色金融的市场反应及其取得的经济效果进行研究，以理论分析——现实挑战——实证检验为主线，揭示发展绿色经济过程中绿色金融所承担的支持作用。具体而言，本书试图回答以下问题：在当前"金融回归支持实体经济发展的本源"背景下，绿色金融应当如何推动经济绿色发展？推进的传导机理是怎样的？当前推进过程中突破口在哪里？政府、企业和第三方机构在推进过程中分别承担怎样的责任？

本书研究的基本出发点为：通过绿色金融政策可以调整产业结构，促进经济绿色发展，并针对企业的不同特性制定异质化金融产品，利用资本的优化配置带动其他要素资源相应的配置，一方面激励绿色企业发展，另一方面约束污染企业，促进绿色转型，最终实现经济的绿色发展。该传导机制得以发挥作用的关键点有以下几个方面：

一是要准确识别和判断企业是否为绿色企业，通过信号传递方式引导资本从污染企业流出，转入绿色企业。因此需要提高信号传递效率，通过精确的绿色识别促进绿色发展。

二是要提高清洁环保等环境友好型项目的投资回报率，降低污染项目的投资回报率，进而吸引更多社会资金投资于绿色环保项目。这需要在政策设计上提高绿色项目的盈利，如实行价格补贴等，同时降低绿色项目的成本，如对绿色债券实行免税优惠、通过政府参与降低投资风险等，通过有效的资金流向推进绿色发展。

三是要改变企业的目标函数，对企业的评价体系不仅包括其盈利能力，还要考虑其污染产出，将绿色纳入对企业全要素生产率的度量中。例如，通过绿色信贷政策的实施改变企业的环境责任意识，约束污染企业的融资，扶持环保企业，从而倒逼污染企业提高技术含量，实现污染企业的绿色转型和环保企业的扩张壮大，推动经济的绿色发展。

本书研究的技术路线图如图 2.6 所示。

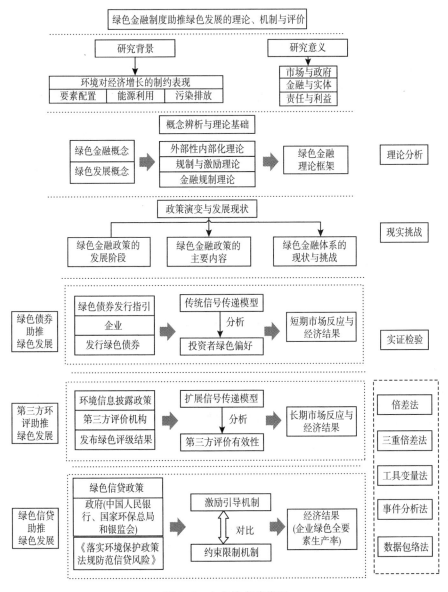

图 2.6　本书技术路线图

　　首先，本书通过介绍研究背景，表明生态环境问题及传统的粗放型资源利用生产方式已严重制约了经济的发展，如何转变经济增长模式，寻求新的增长动力成为亟待解决的问题。进而引出研究问题——探究绿色金融政策助力绿色发展背后的机制渠道。在梳理国内外绿色金融与绿色发展相关的文献后，总结已有研究成果，发现已有文献普遍针对单一的绿色金融政策及其效果进行分析和阐释，一方面未形成绿色金融相关的基础理论，另一方面也未识别绿色金融促进经济绿色发展和转型升级背后的机制作用。因而本书的研究能进一步推进当前学术界对绿色金融体系的理解。

　　其次，本书划分了中国绿色金融政策的三个主要发展阶段，对每个阶段的特点进行了总结，并利用丰富多样的描述性数据介绍了当前绿色金融政策实施的现状和面临的挑战。通过以上内容的分析，不仅为后续的实证部分提供了现实背景，更阐述了该研究对中国绿色经济发展和绿色转型的重要意义。在理论分析部分，由于中国绿色金融的开展有鲜明的先实践后理论的特点，当前绿色金融理论体系的缺乏和作用机制的不明晰，既不利于前期实践经验的总结，也不利于下一步绿色金融政策的优化设计和发展。因此，有必要在现有的现代金融学理论基础上总结发展绿色金融相关理论，对其作用机制进行专门的分析和研究，以期更好地凝聚绿色金融共识，推动绿色经济深化发展。

　　本书的主体部分从资金来源与运用效果两个方面剖析绿色金融促进绿色发展的路径，并对此进行相关实证检验。一是评价发行绿色债券的资本市场反应和经济效果，以绿色债券发行带动股权市场与债权市场的联动发展，拓展直接融资渠道，鼓励企业通过发行绿色债券的行为获得资本市场的正向支持，进而提升其全要素生产率水平。二是通过拓展的信号传递模型将第三方机构纳入绿色评价体系，检验第三方评估结果公布后的市场反应和经济效果。环境信息披露是绿色金融得以开展的基础和前提，而第三方机构的介入可以更好地帮助投资者准确识别环境责任意识高的企业，并督促企业提升环境信息披露水平。三是衡量绿色信贷政策这一间接融资渠道的约束机制和激励机制对提升企业的绿色全要素生产率的影响，将融资导向与产业转型效果结合起来。通过探究绿色金融促进绿色发展的动力和机制，总结绿色金融的资源配置路径及其经济效果，对政策的进一步优化提出建议。

最后，本书对中国未来的绿色金融发展进行了展望，并基于前述研究提出了思考和总结。

2.2.2　内容概述

本书共八章，遵循"提出问题——分析问题——解决问题"的分析框架展开。

第一章为背景介绍，通过对"双碳"目标的起源、演化和发展脉络进行分析，并描述中国能耗和碳排放的现状，强调绿色金融能发挥至关重要的作用，成为全书的逻辑起点。

第二章对研究内容进行总括式分析。立足于阐述研究背景和选题意义，介绍研究方法和研究框架，指出全书的创新点和下一步研究方向。

第三章是概念辨析和理论分析。在总结绿色金融发展现状的基础上，回答"什么是绿色金融""什么是绿色发展"以及"如何从二者内在关联性角度出发通过绿色金融推进绿色发展"三个问题。首先明晰绿色金融及其相关的基本概念，然后从中国传统环境经济思想、马克思主义环境经济思想和可持续发展理论等方面对绿色发展的思想进行追溯和梳理。在金融回归服务实体经济的本源思想指导下，介绍金融与经济增长的相关理论，在新古典经济学和制度经济学的基础上提出将环境外部性内部化的新思路，即通过金融规制引导绿色金融支持经济绿色发展，为后续章节的分析提供研究路径和理论准备。

第四章介绍绿色金融政策的实施和演化进程以及当前发展现状和未来所面临的挑战。本章聚焦于解答"中国绿色金融实践程度如何，有哪些优势及制约因素"，将中国绿色金融政策的演化分为三个阶段，对各阶段的特点进行总结，为下一步的推进提供演化背景。同时，本章还介绍了绿色金融政策的组成结构，包括环境信息披露政策、绿色债券发行相关政策以及绿色信贷政策等。最后，本章通过定性的描述性数据对绿色金融发展现状和面临的挑战进行分析。一方面，从直接融资和间接融资两个渠道总结绿色金融当前发展的状态和取得的成就。具体而言，直接融资包括股票市场和债券市场的绿色发展状况，间接融资主要指银行等金融中介机构发行绿色信贷的状况。另一方面，对后续深化推进所需要考虑的问题进行剖析，包括如何增加绿色信贷和绿色债券总量，如何提升企业发行绿色债券的意愿等，从而为后续章节的研究提供现实背景和经验证据。

第五章研究绿色金融的短期市场反应和经济效果。本章所考察的问题是企业通过绿色债券融资这一行为能否产生信号传递功能，引发资本市场的联动反应，使企业股权和债权均获得绿色化的正面激励效应。本章首先从理论上分析企业发行绿色债券的外部融资激励效应，即企业发行绿色债券后释放出双重信用认证信号，使投资者认为该企业的环境治理行为和技术得到了债券市场投资者和政府监管的认可，加之企业获得发行流程简化、发行利率和税收等方面的政策优惠，因此资本市场投资者对发行绿色债券的企业有更正面的市场反应，企业会获得更高水平的外部融资。接下来利用中国绿色债券市场的数据进行检验，利用工具变量法的实证结果发现，发行绿色债券的企业在债券市场获得融资的基础上进一步拓宽了融资渠道，在资本市场上也能得到融资优势，解决了环保行业的企业普遍面临的投资额度大且回报周期长的问题，提升了企业的全要素生产率。从长期来看，发行绿色债券的上市企业相比发行普通债券的企业而言具有更高的全要素生产率水平。

第六章探究绿色金融的长期市场反应和经济效果，重点分析了第三方机构环境信息披露评价对上市企业的微观效应。本章的基本观点认为，由于缺乏外在压力和内在动力，中国上市企业长期存在选择性披露行为，需要第三方机构的介入为资本市场提供信息增量，驱动企业改进环境披露行为。据此，本章在合法性理论与信号传递理论的基础上引入第三方评价的作用，并分析了第三方评价对上市企业市场价值的理论影响和作用机制。以此为基础，本章选取 2009—2018 年中国 A 股上市的 533 家重污染上市企业为研究对象，以第三方机构公布的企业环境信息披露得分为外生政策冲击，重点探究第三方机构评价对企业市场价值的整体效应和异质性结果，以及对企业后续披露行为的影响。进一步地，本章还从投资者行为和资本市场风险两个角度论证了潜在的作用机制。

第七章研究绿色金融的现实经济效果，所回答的问题是绿色信贷政策是否促进了企业绿色全要素生产率的增长，从而带来经济绿色发展。本章利用工业企业数据库和企业污染排放数据库的匹配样本，在已有文献的基础上更进一步地将工业企业分为受绿色信贷政策正面影响、负面影响和不受影响三类，通过双重差分法衡量绿色信贷政策对不同产业所造成的激励效应与约束效应。具体而言，本章探究绿色信贷的约束机制和激励机制是否对污染企业和环保企业产生了不同的政策效果，尤其是约束机制是否倒逼污染企业产生了"波特假说"效应；其次，对政策效果差异背后的作用机制进行考察；最后，剖析绿色信贷政策的影响效果在异质性企业中是否有非对称的差异表现。研究结果认为，绿色信贷政策的约束效应和激励效应对企业的绿色全要素生产率产生了不一致的影响，污染行业在受到绿色信贷政策的环境规制后，并未产生"波特假说"效应；但环保行业受到政策的正向激励，导致绿色全要素生产率的提高。从机制分析来看，主要是通过企业的研发技术和研发投入水平渠道产生的影响。

第八章为全书结论和相关政策建议。

2.2.3 研究方法

在衡量绿色金融政策效果方面，主要采用因果识别方法。因果识别的主要方法在政策评价中尤为适用，囿于政策实施过程中受多种因素实施效果，评价一项政策效应的难度很大。如何有效控制住其他因素，把重点关注的政策变量单独分离出来，识别出政策变量和目标变量之间的真实因果关系，是因果识别方法能发挥作用之处。因果识别方法主要基于反事实分析框架(counterfactual analysis)的因果关系。反事实分析假定总体中有两组或多组群体，便于进行对比衡量，且在一定时期总体中的部分个体受到

"干预"(treatment)。受到政策干预的样本即为实验组，未受到政策干预的样本即为对照组。当需要评价一项政策的实施效果时，通过对所有个体在政策实施前后的结果变量进行比较，进而可推知政策实施效应。具体到社会科学的研究中，学者依据以上思路提出了准实验法(quasi-experiment)和匹配方法(matching)，其中代表性的研究方法包括双重差分法(DID)、断点回归法(RD)等。本书围绕绿色金融政策的效应评估展开，因此采用以上因果识别方法较为合适。

在衡量市场反应方面主要采用事件研究法。事件研究法主要用于探讨合并、收购、收益公告或再融资行为等外生事件的发生对股票价格或企业价值带来的冲击，对冲击的具体衡量方式包括平均股价效应、反应股价波动性的市场收益方差的变化、股票成交量的变化和经营绩效的变化等。事件研究方法属于金融经济文献中较为常用的分析方法；除了金融经济学，事件研究方法也被广泛运用于其他相关领域，例如在会计学领域的文献中，公司的发布盈余公告对其股票价格的影响备受关注；在法律和经济领域中，事件研究被用于度量监管政策的效果，以及评估法律责任案件中的损害赔偿等。本研究主要采用事件研究法探析短期内资本市场吸收企业发行绿色债券信息后的反应。

在测算微观企业的绿色全要素生产率尚未形成完整的理论体系时，主要运用考虑非期望产出的方向性距离函数和 Malmquist-Luenberger(ML) 指数测算上市工业企业的绿色全要素生产率。方向性距离函数是用于效率评估及测算污染物影子价格的一种常见的能源和环境建模技术，可以同时对期望产出和非期望产出进行建模。与成本函数不同的是，方向性距离函数不需要大量特定于价格的数据，只要投入和产出的数量信息便可以建立各种模型，包括环境技术效率、绿色全要素生产率和污染物影子价格等。Malmquist-Luenberger(ML)生产率指数由 Chung et al. (1997)提出，用于解决包含污染物排放作为非期望产出情况下的全要素生产率测度问题。通过以上方法可以将环境因素纳入生产率测度范围内，将环境与经济较好地结合起来进行度量。

2.3 国内外研究现状

2.3.1 金融发展与经济增长的关系

关于金融发展与经济增长关系的研究起源于 20 世纪初。早在 1911 年 Schumpeter 就指出金融中介机构通过资金集聚、项目评估、风险管理和交易服务等方式，促进了创新和经济增长。已有的实证文献也认为金融机构对全要素生产率增长存在显著的正向影响，发达的金融体系缓解了企业面临的外部融资限制，优化了资源配置，故证券市场和银行业的发展都能助推经济增长（Beck，2000；Beck and Levine，2004；Aghion，2005；周立和王子明，2002；张军和金煜，2005）。

但 2008 年金融危机之后，也有越来越多的学者开始反思金融与经济的关系。从此之后的主流文献认为，金融发展水平对经济增长的促进作用存在一定门槛或阈值，当金融发展超过该阈值后，金融的发展往往对经济增长产生不利影响（Law and Singh，2014）。将金融发展的内部结构进一步细化，Soedarmono et al.（2017）认为过多的投资信贷和消费信贷会抑制经济增长，只有投资到实体经济的资本增长才能促进经济增长，因此金融发展与经济增长有着"倒 U 形"关系。朱民（2009）同样指出，当虚拟经济与实体经济脱节时会出现严重泡沫。张杰等（2015；2016）认为当前中国金融体系存的正式与非正式金融机构如影子银行等构成了一种掠夺式金融体系，对实体经济产生了挤压和掠夺效应。在此基础上，黄宪和黄彤彤（2016）提出了"金融超发展概念"，认为适度的金融发展能优化资源配置，降低交易成本和信息成本，进而促进经济增长；而一旦过多的金融资源被占用，进入虚拟经济体进行"空转"，就会挤压实体经济的可用资源，抑制经济增长。

随着科技水平的提升及经济增长领域对技术的关注度增加，学者们开始研究科技在金融与经济关系中的作用。赵勇和雷达（2010）认为，经济增长方式以投资推动和生产率提升两种形式促进经济，金融发展在经济发达地区主要以全要素生产率的提高来推进经济发展，而在经济欠发达地区则主要以资本深化的形式推进经济发展。同时，投资推动的粗放型增长方式不可持续，因此金融部门在转向全要素生产率推动方式的过程中作用至关重要。毛盛志和张一林（2020）根据新结构经济学理论，提出对产业升级促进作用的金融深化程度存在"最低限度"，金融深化程度加深可以避免企业陷入"模仿陷阱"，真正实现创新驱动，带动产业升级。同样从结构视角，杨伟中等（2020）发现金融资源在企业内部存在生产性投资分配和创新技术研发分配两条配置渠道，在经济扩张期，金融资源侧重于生产性投资，压缩创新研发，导致技术进步减缓；而经济收缩期则正好相反，金融资源对创新的投资增加，促进技术进步。庄毓敏等（2020）更进一步将之总结为"金融发展——企业创新——经济增长"的传导机理，认为金融发展通过缓解信息不对称和降低融资约束，促进企业研发投入，并最终促进经济增长。

还有部分文献从"法金融"的视角出发，研究法制环境的健全与否对金融与经济关系的异质性影响。Levine（1998）利用跨国数据进行比较研究，发现金融机构在法律和监管制度健全的国家发展得更好，原因在于制度健全的国家高度重视债权人权利，能监督合同是否有效执行，并要求公司全面和准确地披露财务信息。Barajas（2013）的实证研究表明由于监管欠缺，在石油出口国和低收入国家，金融深化对经济增长的有利影响较小。Law（2018）通过对87个国家的比较分析，认为金融发展对经济的促进或抑制效果取决于制度的作用。制度通过有弹性地调节市场、稳定市场并创造市场，促使金融对经济产生正向效应。黄宪等（2019）将98个经济体按英美法系、德国法系和法国法系进行分类对比，发现法系的理念和特征会影响金融发展对经济增长的作用强度与持续性。不同法系在资源要素配置方式、业务形式和价值判断等方面的差异，以及法学哲理等因素所构建的整体社会制度都会影响到金融发展对经济增长的效果。

2.3.2 绿色金融的政策效应评价

当前环境危机与金融危机的并发使学者们开始考虑如何同时解决以上两大问题，出现了碳市场、巨灾债券以及清洁项目投资等方式，试图用金融工具解决环境问题。世界银行（2019）甚至将绿色债券的出现誉为"一个能塑造历史的事件"（history-making event）[①]。然而，与绿色金融相关的文献在国外主流经济学和金融学期刊上还比较少见，Zhang et al.（2019）根据书目分析法统计了 381 种主要期刊，发现主流金融期刊几乎不涉及气候金融或环境金融。环境金融相关文献多见于能源经济学类刊物，但数量也较少。由于中国将绿色发展上升为国家意志，有关绿色金融的实践成果相对较为丰富，因此国内文献对绿色金融的探讨在逐渐增加。本部分在以下小节分别对国内外绿色金融相关文献具体内容进行综述。

1. 国外绿色金融相关文献

在绿色金融对经济绿色发展的讨论方面，Rozenberg et al.（2013）讨论了碳融资对低碳经济的影响，并建议建立一种"碳证书"来改善碳融资。Acemoglu et al.（2016）指出了技术创新的困难，并发现碳税和研究补贴可以鼓励清洁技术的生产和创新。Campiglio（2016）认为银行和货币政策在低碳经济转型过程中起着至关重要的作用。Ji and Zhang（2019）认为发展可再生资源和提升能源结构的制约因素在于金融发展，并利用中国能源和金融的时间序列数据证明金融发展对可再生能源增长变化的贡献率为 42.42%，资本市场是最重要因素，其次是外国投资。T. H. Le（2020）利用 55 个国家的数据研究发现金融发展能显著提升可再生资源的配置水平，较发达的金融市场更善于为促进更清洁环境的投资项目和行业调动资金，但这种关系

---

① 参见 World Bank（2019）10 Years of Green Bonds: Creating the Blueprint for Sustainability Across Capital Markets, The World Bank. https://www.worldbank.org/en/news/immersive-story/2019/03/18/10-years-of-green-bonds-creating-theblueprint-for-sustainability-across-capital-markets.

只在经济发达国家显著，对经济中等和不发达国家而言二者并没有显著关系。Paroussos et al.（2020）采用 CGE 模型研究意大利能源系统温室气体排放量相比 1990 年减少 76% 所需投资的宏观经济影响，结果表明，只要意大利制造商和家庭住户能获得低成本的财政资源，则制造商在清洁能源技术生产中的市场份额上升，创新和规模经济迅速推动技术进步，进而推动经济增长。当相关支出达 1 万亿欧元时，2015—2050 年意大利 GDP 年均增长率将为 1.3%。

具体到金融机构的绿色化方面，在 2017 年 12 月的巴黎"同一个星球"峰会上，全球各国央行和银行业主要参与者承诺支持推广环保金融产品（Kim，2017）。Durrani et al.（2020）调查了亚太地区 18 个央行对扩大可持续金融和制定应对气候和环境风险的政策态度，发现监管当局已启动应对气候和环境风险以及促进可持续金融的政策，主要采取的政策包括修订监管框架、鼓励绿色贷款和产品、在货币和金融政策操作中考虑气候变化因素等。Isaac et al.（2020）采用内容分析法对银行等金融中介机构已有的绿色金融工具进行了调查，发现绿色证券、绿色投资、气候金融、碳金融、绿色保险、绿色信贷和绿色基础设施债券是银行的绿色金融重点产品。此外，影响银行绿色财政政策的相关决定因素包括环境和气候变化政策、社会宗教等因素以及银行业相关法规。

在绿色债券的研究方面，Demary and Neligan（2018）认为大部分投资者更倾向于获取短期回报，与绿色债券的融资项目只能提供长期盈利产生了冲突，因此需要政府机构如央行等规制机构介入并发挥作用。Wisniewski and Zielinski（2019）利用绿色债券发行人的数据和第三方机构对绿色债券的评价报告衡量绿色债券发行的影响，发现投资者的高度需求可能导致绿色债券的超额认购，故绿色债券不仅能够吸引投资者，还能扩大发行规模，进而降低绿色项目融资成本。加之绿色债券有助于丰富投资者的投资组合产品种类，减少债券需求波动的风险敞口，故而绿色债券既能提高企业声誉效应，同时还能缓解企业资金约束，提升企业竞争力。

在东盟市场上，Din et al.（2020）梳理了东盟三大主要绿色债券发行国即印度尼西亚、马来西亚和新加坡的绿色债券发行政策和现状，发现东盟发行的绿色债券有三分之二用于资助可再生能源和能源效率项目，其颁布的绿色债券政策有效促进了绿色债券的发行。但同时指出，这些绿色债券可能用于海外项目的投资，因此并不一定促进了当地的绿色发展。Guild（2020）利用制度经济学理论分析印度尼西亚的绿色金融政策在可再生能源发展方面的影响，认为即使资本市场对支持清洁能源项目的绿色债券需求强劲，可再生能源部门的制度设计造成了印尼治理阶层的错位激励结构。在欧洲市场上，Febi et al.（2018）对伦敦证券交易所和卢森堡证券交易所上市的 64 只贴标绿色债券与 56 只传统可转债进行比较，发现绿色债券的流动性风险较小，几乎可忽略不计。Jakubik and Uguz（2020）使用 2012—2019 年的月度数据对欧洲上市（再）保险公司进行抽样调查，采用公告、新闻稿和半年或年度报告作为保险公司发布绿色投资、发行绿色债券或启动绿色基金的事件发生日，实证研究发现欧洲保险公司的绿色政策并未产生市场正面反应。但异质性分析表明投资者对绿色债券和绿色基金的发行持积极态度。

2. 国内绿色金融相关文献

由于中国绿色金融的实践在国际趋于领先地位，绿色信贷、绿色债券和绿色投资等均有较迅速的发展。近年来，国内学者对绿色金融领域的研究关注度也日益提升。杜莉和郑立纯（2020）对中国绿色金融政策进行了对比分析，发现绿色信贷政策质量最高，其次是绿色债券与碳排放政策，而排名靠后需要进一步发展的是绿色基金和绿色保险政策。Zhou et al.（2020）使用 2010—2017 年中国 30 个省市的绿色金融、经济发展和环境质量数据并通过主成分分析法构建绿色金融发展指数，认为绿色金融的发展促进了经济发展，并减少了工业烟粉尘、固体废弃物和二氧化碳的排放量。但绿色金融对环境质量的影响因经济发展的不同水平而有所差异。文书洋等（2021）通过一般均衡模型和省级面板数据检验了绿色金融与经济增长质量的关系，认为绿色金融促使金融机构优化资本配置，促进经济增长路径转向环境与经济和谐发展，使经济呈现高质量增长趋势。

　　绿色信贷方面的文献可以分为对融资约束的影响和对企业创新及产业升级的影响。

　　第一，从缓解融资约束来看，薛俭和朱迪（2018）认为《绿色信贷指引》颁布后显著抑制了重污染企业的非流动性负债融资，但企业还可以通过其他替代性融资以应对该约束，故还需进一步对政策予以完善。丁杰（2019）利用双重差分法发现绿色信贷政策显著抑制了重污染企业的信贷融资。牛海鹏等（2020）将中国上市企业区分为"两高"上市企业和绿色上市企业，用双重差分法分析发现绿色信贷政策能显著缓解绿色上市企业的融资约束，但这种效应在长期来看并不明显，需要在政策上更加深化"绿色"与"两高"的区分度。王遥等（2019）采用DSGE模型测度绿色信贷政策的激励效应，认为贴息、定向降准等方式均是有效的激励措施。

　　第二，从对企业创新及产业升级的影响来看，李毓等（2019）根据升级面板数据分析认为绿色信贷政策从整体上促进了产业升级，尤其是对工业产业的升级存在倒逼机制。何凌云等（2019）对中国环保上市企业进行分析，发现绿色信贷通过提高企业研发投入来提升企业创新水平，但这种效应存在一定时滞。刘强等（2020）将2012年颁布的《绿色信贷指引》作为政策冲击进行准自然实验，认为该政策的颁布促进了重污染企业提升创新水平，而创新水平的提升缓解了重污染企业的融资约束。但陆菁等（2021）以工业企业数据和专利数据对2007年的绿色信贷政策进行分析，发现绿色信贷政策并未引致波特效应，重污染企业受制于信贷约束，其创新水平有所下降。

　　在绿色债券方面，蒋非凡和范龙振（2020）以2016—2019年中国境内发行的绿色债券为样本进行研究，发现企业发行绿色债券并未降低融资成本。马亚明等（2020）利用双重差分法证明发行绿色债券可以显著提高企业的市场价值，尤其是经过第三方认证的绿色债券发行，对市场价值的提升尤为明显，但中介机制并非由降低融资成本所导致的。周新苗等（2020）认为当前中国绿色债券市场存在明显的非理性市场分割，政府持有和补贴绿色债券的行为对投资和产出具有显著影响。Sheng et al.（2021）采用沪深上市企业数据并利用 PSM 倾向匹配得分方法分析绿色债券相较普通债券的溢价，发现绿色债券的平均负溢价为 7.8 个基点，说明绿色项目能以更低的成本发行。其中国有企业明显出现负溢价，且中央国企地方国企更具融资优势。而经第三方认证后发行的绿色债券对溢价会产生显著正面效应，原因在于认证能减少信息不对称并避免漂绿行为。

在绿色投资方面，廖显春等（2019）利用省际面板数据并结合内生增长模型分析指出绿色投资能显著影响绿色福利，这种正向效应在受教育程度高的组别更显著。马妍妍和俞毛毛（2020）分析了中国上市企业的出口行为，认为企业出口能促进绿色投资，进而降低了排污量，实现了环保发展。陈羽桃和冯建（2020）利用收集的中国重污染上市公司污染排放数据并结合 SMB-DEA 模型实证发现，从总体上看企业的绿色投资效率偏低，而政府环境规制对企业绿色投资效率的影响呈倒 U 形趋势，故地方政府应对企业执行差异化的环境规制，以有效提升企业的绿色投资效率。

在绿色保险方面，Chen et al.（2021）基于污染天堂假说（pollution haven hypothesis）考察绿色保险这一用于环境风险转移的制度创新工具对企业海外投资决策的影响。以 2007 年原国家环保总局与原保监会联合发布的《环境污染责任保险指导意见》为准自然实验，分析绿色保险与企业对外直接投资的关系，进一步考察市场化和"一带一路"倡议与绿色保险的关系。结果表明，绿色保险显著减少了企业对外直接投资，且绿色保险对企业对外直接投资的影响在市场化程度较高的地区更为明显，在"一带一路"国家投资时则影响较弱，说明绿色保险在影响企业海外投资决策方面正逐渐发挥重要作用。

在绿色金融政策对商业银行效率的影响方面，刘锡良和文书洋（2019）从金融机构是否应承担社会责任的角度出发，通过理论和实证验证金融机构的信贷决策显著影响经济增长质量。丁宁等（2020）根据 73 家中国商业银行数据和 PSM-DID 方法，发现绿色信贷政策效应呈 U 形趋势，在 2014 年之后已越过最低点走向效率提升的路径。张文中和窦瑞（2020）认为各商业银行都存在一定的非效率，但长期来看，绿色信贷促使非效率水平在逐步下降，效率水平在上升。

2.3.3 对现有文献的总结

综合来看，绿色金融与绿色发展的研究归属于金融与经济增长关系的研究范畴。金融与经济增长关系经过学界多年探讨，已成为较成熟的研究领域，被统称为"金融-经济增长关系（finance-growth nexus）"。早期文献认为金融发展会促进经济增长，但随后的研究倾向于认为这种促进作用是存在阈值的，若金融深化程度越过阈值，则过多的资金和相关资源被金融化占用，导致实体经济的驱动力不足，反而不利于经济增长。为了使金融承担起资源优化配置的功能，提高全要素生产率水平，一方面需要引导金融资源进入科研领域，通过科技创新促进经济增长；另一方面需要从制度着手，对金融实行有效监管，引导金融支持实体经济发展。

对金融与经济增长关系的研究启发并丰富了绿色金融相关探讨。对绿色金融促进绿色发展同样要考虑制度的引导作用，以及通过科技创新带动全要素生产率水平提升。但囿于国外关于绿色金融的实践有限，国外对绿色金融的探索并不多见，仅限于碳金融和气候金融等有限的领域，在理论上未能形成体系化发展。近年来，伴随着国内绿色金融实践的高速发展，对绿色金融的研究也逐渐增加。尤其是绿色信贷方面的研究较为丰富，大部分文献认可绿色信贷供给对降低企业融资成本的促进作用，但对提升企业创新水平的作用有限。同时，实证文献普遍认为，绿色债券对企业的融资约束缓解程度并不显著，其主要作用在于传递出该企业是绿色企业的信号，有助于企业获得市场认可。而在绿色投资等方面，囿于数据的可得性等原因，研究成果并不丰富。

具体来看，当前国内外关于绿色金融效应的文献存在以下三点值得继续推进之处：

第一，研究侧重点较单一，尚缺乏系统性研究视角。不论是国外文献侧重于讨论碳金融和气候金融对可再生能源的影响，还是国内文献侧重于研究单项绿色金融工具的效应，都可以看出当前学术界对绿色金融的探讨视角略有局限，未能从绿色金融的整体性、综合性和完备性出发，对所有政策的统一指向性进行分析。事实上，绿色金融是一个综合的体系，按融资渠道分类，绿色信贷属于社会间接融资，而绿色债券和绿色证券属于社会直接融资；按实施主体分类，绿色信贷是金融机构行为，绿色债券是企业行为，绿色认证等属于第三方行为。而不论如何分类，对绿色信贷、绿色债券和绿色投资的研究都属于针对绿色金融体系的某一方面进行研究，事实上所有的分类最终指向的都是同一个目的，即如何提高资金的配置效率，优化配置渠道，更好地促进企业创新和绿色转型，实现经济绿色发展。由此来看，如果仅从单一视角入手，难免会出现"只见树木，不见森林"的情况。

第二，研究数据较为受限，缺乏丰富的实证数据。绿色金融政策对经济绿色发展的影响主要是通过微观企业行为展开的，因此研究的落脚点当是以微观企业为基础。当前关于微观企业绿色行为的数据较为有限，因此大部分文献采用的是上市企业数据，然而上市企业对污染信息的披露较少，因此也无法精确衡量其绿色程度。当前已有文献开始使用工业企业数据与企业污染排放数据匹配，或与企业专利数据匹配进行分析，这将是未来对绿色金融领域研究的数据使用趋势。

第三，尚未形成全面完备的理论体系，缺乏对影响机制的讨论与总结。如前文所述，绿色金融实际构成了一个完整的体系，所有的绿色金融产品都属于体系中的一部分，且所有的相关政策最终都指向同一个明确的目的，即推进企业绿色转型和经济绿色发展。那么我们在研究中应当对绿色金融的理论体系进行完整的梳理，这样不仅有助于我们更全面地进行政策评估，也有助于对政策的完善和路径的优化提出建议。而现有文献更多地是进行单一政策的实证检验，而非对绿色金融体系进行全面评价，也并未对绿色金融的实现目标的推进路径进行完整探讨。有鉴于此，后续研究需要在推进绿色金融体系理论的基础上进行更全面的研究。

2.4 创新点和进一步的研究方向

2.4.1 创新点

本书的创新点主要体现在以下三个方面。

第一，从理论上构建了全面的分析框架。在当前学术界尚未形成绿色金融完备理论的背景下，本书引入新规制理论和金融规制理论，并对主流金融和经济理论思想进行分析。具体而言，本书试图将环境因素嵌入传统经济学和金融学的分析框架，辨析和明确绿色金融的相关理论、影响因素以及其对经济高质量发展和产业绿色转型的作用机制，促使金融回归到服务实体经济的本源中来，将绿色金融打造成优化资源配置、引导资金和其他相关资源服务实体经济的良好范本。

第二，从研究视角的转换上也有所创新。在研究主体上，本书分别从政府、企业和第三方的视角探索其对绿色金融发展的推动作用及具体实施效果，符合当前在环境治理上提出的"三方共治"思想，在环境治理和经济发展的双赢目标下促使三方凝聚绿色金融的共识，形成合力共同推进经济绿色发展。在研究路径上，包含了直接融资和间接融资两种渠道，从金融促进经济发展的直接和间接渠道"双视角"进行探索和剖析。在研究期限上，将长期和短期视角相结合，既分析了绿色金融政策在资本市场的短期反应，也分析了其对企业产生的长期经济效果。研究视角的全面和完备使研究结论更为稳健可靠。

第三，在数据应用上亦有所创新。已有文献大多采用地区级或行业级数据进行绿色金融的相关分析，本书实证部分将研究重心放在微观企业的行为分析上，企业是经济社会中参与的主体，通过使用企业级数据考察绿色金融的政策效应，可以对现有研究成果进行更丰富和完备的补充与推进。具体而言，本书使用了上市企业数据、中国工业企业数据和企业污染排放数据库的相关数据，丰富的数据资源为本书的研究打下了良好的实证基础。

2.4.2 进一步的研究方向

本书研究绿色金融对经济绿色发展的助推机制与动力，从理论分析出发，研究绿色信贷、绿色债券和环境信息披露等相关绿色金融政策的融资导向和产生的经济效果。虽然对绿色金融政策的推进与优化有一定的参考价值，但限于自身研究水平，研究结论仍是初步的和不全面的，接下来还有不少问题值得继续探讨和完善。

第一，研究的时效性尚有欠缺。虽然对环境信息披露和绿色信贷方面的实证数据采用的是最近年度上市公司的相关数据，但在评价绿色信贷政策的经济影响时，限于工业企业数据库和企业污染排放数据库所提供的数据截止时间较早，仅能以 2012 年以前的数据进行实证研究。事实上，在 2016 年"绿色金融元年"[①]之后绿色信贷政策也有了相当大的推进和完善，若能利用更新的数据进行分析，将会获得更有价值的信息和结论。

第二，覆盖的绿色金融产品还不够全面。除绿色信贷和绿色债券之外，绿色金融产品还包括绿色基金、绿色保险、绿色股票指数和碳金融及其衍生品等。限于研究篇幅和数据的可得性，本书仅选取了其中有代表性的主要金融工具进行研究，未能涉及所有的金融产品。中国绿色金融领域的发展日新月异，下一步还可以针对绿色基金、绿色保险和碳金融等产品进行专门研究，探究其发展带来的经济影响和对经济主体行为引发的改变，从而对绿色金融体系形成更完整的认识。

第三，选取的指标还不够完备。在绿色全要素生产率的度量上只选取了二氧化硫排放量作为非期望产出，事实上非期望产出应从废气、废水和固体废弃物等多维度进行度量。二氧化硫排放量主要集中在煤电行业，并

---

① 2016 年中国人民银行、财政部等七部委联合印发的《关于构建绿色金融体系的指导意见》，决心全力支持和推动我国的绿色金融发展，支持经济绿色转型。该意见的发布标志着我国成为全球第一个具有明确政府政策支持的、全面构建绿色金融体系的国家。因此国内外许多相关学者将 2016 年称为"绿色金融元年"。

不能完全代表所有工业企业的排污水平，因而可能出现以偏概全的问题。下一步需要将工业废水、化学需氧量、固体废弃物和氮氧化物等排放量综合纳入考虑范围。同时，由于缺乏上市公司污染排放数据，本书在第四章和第五章测度上市公司效率值时不能将环境效益包含在内，只能计算上市公司全要素生产率而非上市公司的绿色全要素生产率，这也是后期需要进一步改进之处。

第四，在研究范围上还有待进一步拓展。本书以中国的绿色金融发展为研究对象，主要原因在于中国虽不是绿色金融起步最早的国家，但发展势头强劲①。然而，站在世界范围内进行观察，发达国家和地区如美国、欧盟等在环境领域起步较早，在绿色债券评级和环境信息披露等领域已非常成熟；新兴国家的绿色金融发展也较为迅速。此外，中国在"一带一路"的推进过程中进行绿色金融领域相关合作也至关重要。为了更好地与国际市场接轨，下一步研究还可以通过与其他同中国处于类似发展阶段的国家进行横向对比，为中国绿色发展提供更全面的参考。

---

①　2021 年 1 月中国人民银行官方网站发布的中国人民银行行长易纲谈 2021 年金融领域热点问题时指出，当前中国绿色贷款余额超过 11 万亿元，居世界第一；绿色债券余额 1 万多亿元，居世界第二。参见中国人民银行官方网站信息（网址：http：//www. pbc. gov. cn/goutongjiaoliu/113456/113469/4160250/index. html）。

第 3 章　绿色金融推进绿色发展的概念与理论

实现绿色发展是一场新的经济革命，是人类经济活动顺应生态自然的重要步骤。为了实现绿色发展，人类实施经济活动所秉持的既有价值观、发展模式和思想理念都要经历彻底改变。绿色金融的实践目的即为了实现经济的绿色发展，本章将剖析二者之间存在的内在关联性，深刻理解绿色发展的实质和意义，对绿色金融做出适当的实施安排，并从理论上正本清源地对绿色金融和绿色发展做出梳理和观察，为后续的研究构建理论框架和基础。

3.1　绿色金融的概念与辨析

3.1.1　绿色金融的含义

绿色金融是一种面向未来的金融，它同时追求金融业的发展、环境的改善和经济的增长。绿色金融作为一个理论和实践兼容的新概念，其本质是从生态环境保护和可持续的角度转变金融业的发展方式，转变既有的发展理念、经营模式和评价标准，以实现经济、社会和环境的可持续发展，学术界一般将其定义为在运营过程中同时考虑环境与经济目标。自 Salazar (1998)提出绿色金融是促进生态环境保护和经济发展的金融产业的重大创新后，Cowan(1999)进一步将之限定为研究绿色经济的融资渠道问题，并追求可持续发展与环保问题的统一。经过多年绿色金融实践后，Mitié et al.

(2012)更详尽地将绿色金融总结为纳入新技术、金融产品、行业和服务，考虑环境、能源效率和减少污染物排放，以支持低碳绿色增长。Höhne 等(2012)将绿色金融界定为更宽泛的概念，指用于支持可持续发展项目、环境产品和可持续经济政策的金融投资。绿色金融包含了气候融资，但又不限于气候融资，还指更广泛的其他环境目标，如工业污染控制、水卫生或生物多样性保护。Zadek and Flynn (2013)对绿色金融和绿色投资进行了区别，认为绿色金融含义更广泛，包括未列入绿色投资但与绿色投资相关的运营成本，包括项目准备和征地成本等，且这些成本的融资需求更高。Lindenberg (2014)在总结了前述概念后从三方面定义了绿色金融：一是为环境产品和服务的绿色投资提供资金，防止破坏环境和气候；二是资助并鼓励实施环境项目的公共绿色政策；三是构建专用于绿色投资的绿色金融体系。Noh (2018)利用图示对绿色金融概念进行阐述(见图 3.1)，图中灰色重叠阴影部分为绿色金融，即绿色金融需同时满足金融机构的发展、经济增长和环境的改善，具体发展路径包括为绿色企业提供金融支持、开发绿色创新技术、提供多样性的绿色金融产品和服务以及建立高效运作的减排交易市场(如碳排放交易市场等)。

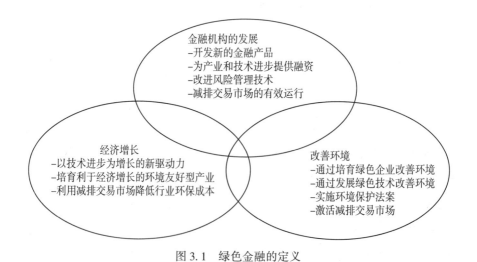

图 3.1　绿色金融的定义

Sachs（2019）指出，金融是基础设施项目建设发展的驱动力，当前金融机构对化石燃料项目的投资大于对绿色项目的投资，主要原因在于新技术的运用还存在较高风险且回报率还较低。如果要实现可持续发展目标，就必须利用新的金融工具和新的政策对绿色项目融资，如绿色债券、绿色银行、碳市场工具、财政政策、绿色中央银行、金融技术和社区绿色基金等，以提升对环境效益的投资，以上政策统称为绿色金融。G20 绿色金融研究小组发布《G20 绿色金融综合报告》，将绿色金融定义为"可以产生环境效益以支持经济可持续发展的投融资活动"。根据中国人民银行、财政部等下发的《关于构建绿色金融体系的指导意见》，绿色金融是指"为支持环境改善、应对气候变化和资源节约高效利用的经济活动，即对环保、节能、清洁能源、绿色交通、绿色建筑等领域的项目投融资、项目运营、风险管理等所提供的金融服务"。绿色金融的主要目的是激励和引导更多社会资本投入绿色产业，并有效地抑制污染性投资。从定义来看，绿色金融可被看作进行绿色偏好的金融活动，各类金融业务活动要体现并引导绿色发展意识，通过金融对经济资源的杠杆和调动作用，在促进经济增长的同时对生态资源进行保护并对污染进行治理，实现经济与生态的协调发展。

综上所述，绿色金融体现了金融与环境的关系，将资源环境的稀缺性通过金融的方式予以体现和考虑，在利用金融进行资源配置的过程中充分考虑环境因素，利用金融机制将稀缺的环境资源在经济各领域进行优化配置。具体到微观层面，绿色金融的各项业务就是通过金融工具为具有公共品和准公共品属性的项目筹集资金，并遏制浪费资源和污染环境的项目。由此看来，绿色金融的本质是经济活动和金融服务，目标是实现环境与经济的协调发展，方式是通过金融工具创新和制度安排来引导社会投融资，进而产生正的环境效益。

3.1.2 与绿色金融相关的概念辨析

为将绿色金融与其他相关概念进行区别，有必要将与之相关的概念进行梳理。Noh（2010）提供了可持续金融、环境融资、碳融资和气候融资的定义。

可持续金融。可持续金融是通过金融模型、产品和市场创造经济和社会价值的实践。它考虑到了扩大、全面和包容性的投资，不仅包括环境问题，还包括社会治理等问题。

环境融资。环境融资指的是针对生态环境(空气、水、土等)的投融资，环境金融将环境破坏视为财务风险，根据环境融资的规则，损害或可能破坏环境的项目不能获得资金资助。这一概念比绿色金融更为广泛，因为它侧重于环境保护，而环境保护并不一定带来经济增长。

碳融资。碳融资为旨在减少二氧化碳和其他温室气体排放的项目提供资源。通过排放交易市场，碳融资可以在现货和衍生市场以多种方式进行设计。此外，可以通过碳基金投资排放交易市场进行交易。

气候融资。气候融资支持适应和减缓气候变化的活动，通过低碳经济实现气候恢复与发展。气候融资还支持碳融资中未包括的适应性项目。

从定义上可以看出，中国绿色金融的含义比一般意义上的气候金融涵盖了更大范围的活动。气候金融主要指应对气候变化的活动，而绿色金融采用了更广义的定义来衡量金融机构的融资工作。从中国建立生态文明的国家目标来看，应对气候变化仅仅是绿色金融的目标之一，绿色金融还包括应对空气污染、生态修复、水资源保护、废弃物管理和减少过剩产能等。

通过定义辨析可以发现，随着金融市场对环境问题关注的增加，实际传达出一种新讯息，即除了提供资金和创造利润之外，金融市场还可以用来解决金融之外的问题，而这正是绿色金融得以施展的领域。绿色金融发展的核心问题是可持续。具体而言，一方面要促进绿色金融激励机制的完善，另一方面要提供多层次多样化的融资工具和渠道，支持经济的绿色发展。

3.1.3　绿色金融与绿色发展的内在相关性

党的十九大报告中明确指出"加快生态文明体制改革，建设美丽中国"，并把"发展绿色金融"作为推进绿色发展的路径之一，从而使我们能以更深刻的意义诠释绿色金融，即绿色金融是支撑生态文明建设和实现美丽中国的金融体系，是让"金融回归服务实体经济本源"的重要步骤，是有别于传统金融业务和模式的金融创新路径。

根据绿色金融的概念与内容判断，绿色金融承载的是将金融业务活动开展中体现绿色发展意识的功能。绿色金融借助金融对经济资源的杠杆与配置作用，撬动经济可持续发展，促进经济和环境的协调统一。因此，绿色金融的内涵不仅体现了金融业绿色化的发展趋势，使金融发展与环境保护相结合，向有利于节能减排、环境友好的金融发展模式转变；也体现了将绿色环保注入投融资理念，为技术含量高、环境污染少的绿色可持续发展产业提供金融资源与服务支持，将资金从污染行业的投资中抽离，转向支持清洁环保的行业，促进环境效益产业的发展壮大，进而带动经济社会绿色效益提升，把末端治理模式调整为前端治理，从资金投入的源头上支持绿色发展。

从宏观层面上看，金融是现代经济的核心和实现经济平稳发展的关键。绿色金融通过金融的资源配置功能把资源环境从传统经济学意义上的公共品或准公共品属性变成具备高度稀缺性的价值资源，将市场失灵变为市场有效，使得市场机制能够在环境资源中发挥作用，实现环境资源在社会经济范围内的优化配置。

从微观层面上看，绿色金融的业务形式是通过多样化的金融产品和服务为具有公共品属性和准公共品属性的环保项目提供资金支持和配套服务。基于以上分析可总结出绿色金融的主要特点，即绿色金融本质上是一种经济活动和金融服务，目标是为了促进环境与经济的协调发展，方式是通过金融机制设计和实施以及产品创新来实现资源的优化配置，将环境资源的外部性以金融的方式内部化，引致环境和经济的双重效益。在发挥市场机制在资源配置中的决定性作用并同时发挥政府作用的目标下，绿色金融是实现"绿水青山就是金山银山"的重要手段，绿色金融与绿色发展是路径与结果的关系。

3.2 绿色发展的概念与演化

3.2.1 绿色发展的含义

绿色发展是在绿色经济和绿色增长的基础上进一步演化而来的。1989年，英国环境经济学家皮尔斯等在《绿色经济的蓝图》中首次提出绿色经济概念，强调经济发展应当与自然环境和社会发展相协调。2007年，联合国环境规划署将绿色经济定义为"重视人与自然的经济"；2008年，再次将绿色经济定义为"提高人类福祉、促进社会平等、降低环境风险、改善生态稀缺的经济发展模式"。绿色增长概念则是 2005 年联合国亚太经合环境与发展部长会议上首次提出的，指的是为推动低碳、惠及社会所有成员的发展而采取的环境可持续经济过程。2011 年，经济合作与发展组织（OECD）进一步修正和深化了绿色增长的概念，将其定义为"在确保持续提高人类社会所依赖的资源和环境服务的同时，促进经济增长和发展"。

绿色发展的概念界定有多种方式。2002 年，联合国开发计划署（UNDP）在《中国人类发展报告》中，首次将"绿色发展"界定为"强调经济发展与保护环境统一协调"的发展模式。这一定义得到中国学者们的普遍认同，并由此提出绿色发展的三个要点：其一是将经济发展与环境保护结合起来；其二是立足于保护后代的资源不受损害，为后代留出充足的绿色空间；其三是促进环保节能产业的发展和绿色技术创新，引导经济绿色转型（杨伟智，2012）。唐啸和胡鞍钢（2016）从三个方面对绿色发展进行了界定：从经济活动来看，绿色发展需要形成新的绿色生产函数；从发展阶段来看，绿色发展要实现跨越式发展；从发展愿景来看，要做到"天人合一"和"天人互益"，从对自然的索取转变为反哺自然，真正做到人与自然共生共存、彼此互益。刘世锦（2020）认为绿色发展理念包含但不限于环境保护，而是要形成由绿色消费、绿色生产流通和绿色金融等所构成的全面绿色经济体系。商迪等（2020）采用机器学习方法对绿色经济、绿色增长和绿色发展的概念进行了区分，认为三者均包含了提高资源利用和经济发展的效率，实现可持续发展的思想，其差异主要体现在内容关注点的不同。绿色经济侧重于关注社会公平问题，强调公平分配及权利关系；绿色增长则更关注技术导向与创新；绿色发展主要关注工业化和城镇化，注重科学的发展模式。

从指导思想上看，自党的十八大提出"建设美丽中国"以来，习近平总书记在多个场合对绿色发展理念做了重要论述。习近平总书记曾指出："我们既要绿水青山，也要金山银山。宁要绿水青山，不要金山银山，而且绿水青山就是金山银山。"①由绿色发展的名称可知，绿色发展包含"绿色"与"发展"两个方面。"绿色"代表着对资源的适度利用和对生态环境的保护；"发展"则意味着促进经济增长、社会进步和可持续发展的包容性目标，两个方面缺一不可。绿色发展的核心含义与习近平总书记多次强调的"两山"理论完全一致，绿色发展就是既要"绿水青山"，又要"金山银山"。习近平总书记指出："坚持绿色发展是发展观的一场深刻革命。要从转变经济发展方式、环境污染综合治理、自然生态保护修复、资源节约集约利用、完善生态文明制度体系等方面采取超常举措，全方位、全地域、全过程开展生态环境保护。"②党的十九大报告全面阐述了加快生态文明体制改革、推进绿色发展和建设美丽中国的战略部署，建设生态文明是中华民族永续发展的千年大计。绿色发展作为国家五大发展理念之一，就其要义来讲，是要解决好人与自然和谐共生问题，强调人与自然的生命共同体关系。绿色发展所要解决的核心问题在于对国家发展模式进行转换，并通过转变发展模式实现可持续发展，创建资源节约型、环境友好型社会。

从国家规划层面看，2011年，中国首次在"十二五"规划纲要中提出绿色发展，并用独立篇幅进行阐述。其中明确提出，面对日趋强化的资源环

---

① 引自国家主席习近平在哈萨克斯坦纳扎尔巴耶夫大学演讲时的答问（2013年9月7日），参见《人民日报》2013年9月8日。
② 引自国家主席习近平在山西考察工作时的讲话（2017年6月21日—23日），参见《人民日报》2017年6月24日。

境约束，必须增强危机意识，树立绿色低碳的发展理念，以节约减排为重点，健全激励和约束机制，加快构建资源节约、环境友好的生产方式和消费模式，增强可持续发展能力，提高生态文明水平。"十二五"规划纲要在发展绿色环保产业时也提及"建立绿色金融体系，发展绿色信贷、绿色债券，设立绿色发展基金"。

"十三五"规划纲要的总体指导思想是"全面推进创新发展、协调发展、绿色发展、开放发展、共享发展"五大发展理念，将绿色发展思想融入规划过程的各领域各环节，且纲要首次在主要目标里提出了要达到"生态环境质量总体改善"。主要包含三个方面的内容：一是对资源的集约和节约利用，对环境的综合治理及对污染的防治；二是对生态系统的全面修复和对气候风险等的防范；三是对绿色环保产业的支持。相比"十二五"规划纲要，"十三五"规划纲要对绿色发展目标的制定和设计更加系统和深入，其内涵范围也更全面。

2021年3月国家公布了"十四五"规划纲要，其中同样用单独章节阐述了"推动绿色发展，促进人与自然和谐共生"。规划纲要分别从加快推动绿色低碳发展、持续改善环境质量、提升生态系统质量和稳定性、全面提高资源利用效率四个角度对绿色发展的目标进行设定。纲要提出要深入实施可持续发展战略，完善生态文明领域统筹协调机制，构建生态文明体系，促进经济社会发展全面绿色转型。可见，绿色发展的最终落脚点将是实现经济社会面向绿色转型。在具体实施过程中，"十四五"规划提到要"强化绿色发展的法律和政策保障，发展绿色金融，支持绿色技术创新，推进清洁生产，发展环保产业、推进重点行业和重要领域绿色化改造"，从而将绿色金融与绿色发展联系起来，二者之间达成了措施与结果的关系。

从以上三个国民经济和社会发展五年规划纲要的表述中可以发现，国家对绿色发展的目标设定逐步细化，落实到经济社会发展的各个领域与层面，并指出了通过绿色金融推进技术创新和发展环保产业，实现绿色发展的具体路径。

3.2.2 绿色发展理念的三大来源

1. 中国古代的绿色发展观

尽管环境伦理学的研究在 20 世纪兴起于西方，但中国古代农业文明中早已存在着大量的环境伦理思想。中国传统哲学崇尚"天人合一""物我一体"，人应当与自然融合，共生共存。庄子有云："天地者，万物之父母也。"人类和其他一切构成了一个有机的相互交织的系统，在这个系统中，人类只是宇宙的一部分。合理的生活方式就是遵循和实践"道"，老子提出"人法地，地法天，天法道，道法自然"的观点，"道"不仅是自然规律，也是生活中必须遵循的"自然法则"。"道"是观察天地万物的根本出发点，而宇宙万物是一个无限循环的整体，有着超越人类意志的自然规律，人类在宇宙万物面前，只能"放德而行，循道而趋"，即尊重自然本性，遵循自然法则，以人道顺应天道。庄子从"天人合一"的角度更进一步提出"以道观之，物无贵贱"，从道的角度看，万物都是道的产物，作为万物一员的人类并没有高于或优于其他物类的特殊身份，两者在价值上完全等价。人类必须遵循自然的法则而非为自然立法，不能主宰自然。至此，庄子将人文关怀指向天地万物，尊重大自然的价值，与大自然融通为一。

人不可能改变大自然的客观规律，但这并不意味着人在面对自然时只能无所作为。老子有云，"道常无为而无不为"，是指不妄为、不乱为，按照天地万物的自然本性采取适当行为，认识自然，尊重自然，遵循事物内在的法则。如果违背客观规律地乱作为，则必然导致"为者败之，执者失之"。正如庄子所云，"为事逆之则败，顺之则成"。在尊重自然规律的基础上按规律、规则行事，才能实现长期发展。

如何将人与环境的和谐共存理念落实到日常生活中，中国传统典籍中也有相应的表述。孟子在《孟子·梁惠王上》中提及："不违农时，谷不可胜食也；数罟不入洿池，鱼鳖不可胜食也；斧斤以时入山林，材木不可胜用也。"从农作的角度体现了生产过程中环境与经济协调发展的问题。荀子在《王制》中也有类似的观点："草木荣华滋硕之时，则斧斤不入山林，不夭其生，不绝其长也。"天人合一、顺应自然的观念，不仅为创新的绿色发展提供了传统智慧的源泉，也为21世纪中国绿色发展的概念化和实践提供了丰富的历史文化基石。如果说西方学者提出的可持续发展概念是工业革命以来不可持续的资本主义生产和消费的反映和修正，那么自然与人性的统一则是绿色发展理论的基础，也是进一步发展的创新源泉。

2. 马克思主义绿色发展观

马克思主义自然辩证法在西方哲学史上首次系统地理解了人性与自然的关系。它阐明了人类应如何正确认识和处理其与自然的关系，并强烈批评西方国家自从工业革命开始掠夺自然的行为。作为对资本主义的反思与批判，恩格斯给出了著名的警告："我们不要过分陶醉于我们对自然界的胜利。对于每一次这样的胜利，自然界都报复了我们。"恩格斯进一步阐述人与自然的关系，认为"我们对自然界的整个统治，是在于我们比其他一切动物强，能够认识和正确运用自然规律。"人对自然的支配并不是统治、征服和破坏，而是要顺应自然规律，实现人与自然的共同发展。

具体而言，自然辩证法对人与自然关系分三部分进行阐述。

首先，自然的辩证法认为自然是人类生命的源泉和基础。从历史唯物主义的角度看，马克思把人类历史视为自然历史的延续，"历史本身就是自然史，即自然界成为人这一部分"，人类社会的组成形式在一定程度上受到自然界生态系统的影响和制约。马克思在《资本论》中解释了资本主义生产关系出现在温带的原因，认为温带土壤的差异性和自然物产的多样性，决定了存在社会分工的自然基础。

其次，自然辩证法还认为，人类必须依靠自然。马克思在1844年的《经济学哲学手稿》中指出："自然界，就它自身不是人的身体而言，是人的无机的身体。人靠自然界生活。自然界是人为了不致死亡而必须与之处于持续不断的交互作用过程的，人的身体。所谓人的肉体生活和精神生活同自然界联系，也就等于说自然界同自身相联系，因为人是自然界的一部分。"①恩格斯同样认为："我们连同我们的肉、血和头脑都属于自然界，存在于自然之中。"因而人本身是自然界发展到一定阶段的产物，离开自然界则人类无法生存和发展。

最后，在自然的辩证法中，人性与自然的关系是对立的统一。一方面，人类能够理解和改变自然，在人性与自然的关系中，人性是主体，自然是对象，人类可以通过实践行动来改变自然；另一方面，人类必须尊重和遵循自然规律，这样才能改变自然。马克思在《德意志意识形态》中总结道："在工业中向来就有那个很著名的'人与自然的统一性'，人与自然的统一性，就像人与自然的'斗争'促进其生产力在相应基础上的发展一样。"②由此可见，马克思认为人与自然的关系并非机械的二元对立关系，而是在对立中的统一、辩证下的发展关系。

自然辩证法在西方哲学史上首次提出了人与自然关系的正确方法，即通过先进的技术和发展最终实现人与自然和谐相处。马克思认为只有共产主义才能实现人与自然的和解，他在1844年的《经济和哲学手稿》中所说："这种共产主义作为完成了的自然主义，等于人道主义；而作为完成了的人道主义，等于自然主义；它是人和自然界之间、人和人之间矛盾的真正解决，是存在和本质、对象化和自我确证、自由和必然、个体和类之间的斗争的真正解决。"③这种思想与"人与自然的统一性"和中国古代哲学的"天人合一"有着共同的理念，旨在实现人与自然的和谐相处、共存共生。

3. 可持续发展观

在现代西方世界，环境成为"问题"是工业化带来生产力大规模提升、物质生活丰富之后的现象。法国学者拉克霍和扎卡伊（2011）指出，自20世纪60年代以来，西方国家民众的基本物质需求得以满足，从而引发物质主义向后物质主义转变，民众开始关注自然环境。1972年，罗马俱乐部发

① 马克思. 1844年经济哲学手稿[M]. 北京：研究出版社，2021.
② 马克思，恩格斯. 马克思恩格斯全集[M]. 北京：人民出版社，1971.
③ 马克思. 1844年经济哲学手稿[M]. 北京：研究出版社，2021.

表了题为"增长的极限"的著名报告，设想在资源有限的星球上无止境追求增长可能导致的后果，并提出"零增长理论"，成为环境与经济关系在世界范围内转变的标志性论述，为可持续发展理论奠定了基础。同年，联合国通过了《人类环境宣言》，彰示环境问题已列入国际议程。

可持续发展的概念于 1987 年《世界可持续发展委员会的共同未来》报告中首次提出："可持续发展是满足当前需要的发展，同时不影响子孙后代满足自身需要的能力。"[①]从本质上讲，可持续发展是对现代工业社会造成的人类生态环境挑战的一种回应；围绕这一概念迅速形成国际社会和政治共识。报告还表明，自工业革命以来，现代发展模式以消费主义为动力，以资源和能源消耗过大、污染排放和生态破坏为特征；危机发生后，可持续发展是作为解决提案出现的。然而，可持续发展模式虽然对工业革命以来的发展模式进行了修正，但也无法改变西方资本主义发展的基本特征——高消费、高消耗和高排放。可持续发展的理论渊源仍然是人类中心主义，强调人类对自然控制的正确性，而不是人与自然的和谐共存。因此，在可持续发展的意识形态下，人类的实践只需要被动地调整生产。在日益加深的自然危机的压力下，西方国家实际上通过经济全球化、工业生产转移和贸易，将资源消耗、污染排放和温室气体排放转移到欠发达国家，形成著名的"污染天堂"效应，即随着发达国家或地区的环境规制标准提升，导致污染企业从这些环境要求严格的国家或地区迁出，转移至环境标准相对较低的国家或地区（Brunnermeier and Levinson，2004；Li et al.，2021）。

这种现象的背后逻辑主要源于新古典经济学理论，该理论认为只要资本总和提升，则经济即可无限增长，并未考虑到资本结构问题，其背后含义是假设自然资本与人造资本可以互相替代。美国著名生态经济学家赫尔曼·戴利在《超越增长》一书中对以上观点进行反驳，认为这是一种弱可持续，但事实上需要达到的是强可持续，即人造资本与自然资本并非替代关

---

① http://www.un-documents.net/ocf-ovo.htm.

系，而是互补关系，二者相互依赖而存在，继而提出"世界已从人造资本是限制性要素的时代进入剩余自然资本是限制性要素的时代"。当前已从自然资源充足而人造资本短缺的时代转变为人造资本充足而自然资源短缺的时代，例如，木料产量高低已不受锯木工具的限制，而受限于木材的多少。在这种背景下，稀缺性的内容和模式已然转变。经济增长的投资重点是投资于稀缺性的资源，当稀缺性资源从人造资源转为自然资源时，增长的关键也随之变为对自然资源的投资。

有鉴于此，绿色发展与可持续发展虽然理念相通，但对比而言仍具有一定差异性。绿色发展强调整体协调能力，在经济、社会和环境的协同背景下将政府、企业和公众等不同主体纳入发展范畴，实现共同发展。不同于可持续发展仅单纯地将资源和环境视为外生因素，绿色发展将资源环境视为内生的增长因素，强调通过转变发展动力机制，以绿色理念促成资本、技术和制度等协同作用，共同实现高效率高水平的发展。

3.2.3 绿色发展的主要特征

通过对以上观念进行归纳与辨析可以发现，绿色发展理念着重强调经济系统、社会系统和自然系统之间的整体性和协调性，追求经济效益、生态效益和社会效益的协同发展。从本质上看，绿色发展强调在资源约束和环境承载力有限的前提下，依靠制度和技术创新引导生产和消费模式的变革，实现经济持续稳健增长。具体而言，绿色发展有以下几个突出特征：

第一，从发展目标看，绿色发展注重协同发展，而不是单纯地对资源进行节约和保护。绿色发展注重社会、经济与环境的协同发展，强调在不损害资源和可再生能力的基础上，追求经济社会福利水平最大化，良好的经济社会发展要为生态环境和自然资源可持续利用服务。

第二，从实现路径看，绿色发展主要依靠制度创新和技术创新。一方面，绿色发展要通过制度创新激励各经济主体的主动意识，通过对生态资源的产权界定和排污权界定来为市场交易做好基础性工作，以各种制度和政策支持推动绿色发展，提升政府、行业企业和社会公众等不同绿色发展主体的实践水平。另一方面，绿色发展关注效率和生产率的提升，通过技术创新推动资源利用效率和经济效率，对高污染高排放的褐色产业进行技术升级改造，对环保产业进行扶持帮助，从而提升经济环境效益。

第三，从关注范围看，绿色发展重视全社会以及代际的公平，有别于传统经济学以理性人假设为理论原点出发进行效用最大化分析，绿色发展从全社会的视角出发，关注社会总量目标最大化，在重视同一时代人类公平的同时，也追求不同时代人类的代际公平。这意味着，一方面任何国家和地区的发展不能以损害其他国家和地区的经济发展能力为代价；另一方面当代人的发展也不能以损害后代人的经济发展能力为代价。绿色发展的视角更广阔，关注更深刻，把整体与部分、现在与未来一并囊括在内，其目的不仅要解决人类发展的历史问题，应对当前的环境危机，还要实现未来的发展目标，即达到资源可持续、增长绿色化和社会效益最大化的远景目标。

3.3　绿色金融推进绿色发展的理论基础

3.3.1　环境外部性与市场失灵

外部性理论是环境经济学的理论基础，该理论揭示了市场失灵的存在，认为外部性是市场经济中部分资源低效配置的根源，并为解决外部性问题提供了基础性的分析框架。外部性概念源于庇古的福利经济学理论，主要指私人收益与社会收益、私人成本与社会成本存在不一致的现象。当经济行为人的行为影响了他人的福利，而受影响的部分并未通过货币形式或市场机制反映出来时，即存在外部性。因此，外部性是一种溢出概念，且对他人的影响不能通过市场机制运作所体现，不会表现为价格形式的货币支付。

当外部性为负向表现形式时，其余环境资源配置的关系分析如下：

如果某企业存在如污染排放等负外部性，则对社会而言，该企业的产出水平是过剩的, 而社会中的其他企业产出水平不足, 资源配置未达到最优状态。此时资源应当从该企业转向其他企业。

从图 3.2 可以看出, 利润最大化的厂商将私人边际成本(MPC)与边际收益曲线(MR=P_0)做生产决策, 其最优私人产量为 Q_e。而当负外部性存在时, Q_e 并非社会最优, 社会最优产量是 Q_n, 因此, 该厂商的产量相对于社会最优产量而言是过剩的, 从全社会的角度来看, 资源配置并未达到最优化。

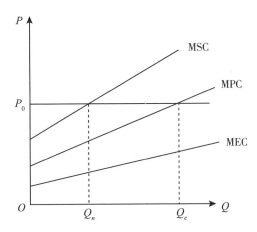

图 3.2 企业各种成本间的关系及均衡变化

从行业的角度来看, 当一个行业存在负外部性时, 对社会而言, 该行业的产出水平过剩, 价格也偏低, 同时社会其他行业的产出水平不足, 资源配置未达到最优化。资源应当从该行业转移到其他行业。图 3.3 说明, 由于行业的产出数量影响了价格, 社会供给曲线 SS 和行业供给曲线 PS 向上倾斜。行业最优产量 Q_e 相对社会最优产量 Q_n 而言存在产能过剩, 行业的资源配置并非最优的。

从以上分析, 可以看出市场失灵时自然资源外部性产生的根本原因。由于市场未能正确估价和分配环境资源, 不能将环境的外部成本内部化, 从而导致企业提供的产品和劳务价格无法正确反映其环境成本。那么, 如

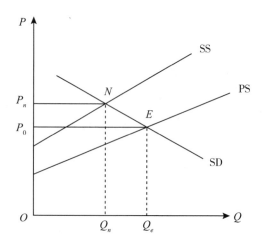

图 3.3　负外部性对行业资源配置的影响

何将环境的外部成本内部化呢？接下来的部分进行继续讨论。

3.3.2　外部性内部化的思路

美国经济学家奥尔森（Mancur L. Olson）在《集体行动逻辑》中指出，提供公共品的最大障碍在于理性个人没有动机集中资源和劳动力以满足共同需求，解决方法唯有通过激励诱导等形式予以引导。通常由获得超额利益的群体承担引导行为并支付相关成本（Heckelman and Coates，2003）。奥尔森认为集体行动问题的逻辑在于提供"选择性激励"来克服共同合作的天然阻碍，而制定措施并加以执行的任务必然由国家实行（Dougherty，2003）。在环境问题上同样参考这一思路，将外部性内部化需要由政府进行干预，其主要方法有两种，一是政府征收环境税，二是由政府确定产权，从而可以进行市场化交易。具体分析如下：

1. 庇古的思路

庇古在《福利经济学》中提出（Pigou，1929），通过使私人成本与社会成本相等、或者通过边际私人纯产值和边际社会纯产值均等化才能实现效率最优。因此，庇古建议当边际私人成本小于边际社会成本时，应当对企业征收环境污染的补偿性税收。这种对环境污染征税的形式被称为"庇古税"。庇古认为，政府能够解决跨代际的公平性，因为政府同时是当代人和后代人的受托人，故而政府要以法律监督的方式采取必要行动，包括设立国家补贴、征收环境税和制定法律等，以防止环境资源储备过早消耗和过度开采，督促理性使用环境资源。这一策略被广泛接受并用于各国的环境治理实践，例如芬兰早在1990年就开始征收碳税、德国征收废水排放的水污染费、美国37个州中大约3400个地方社区对家庭垃圾征税等。

然而庇古税也会引发社会问题，主要集中在以下三个方面：

第一，庇古税征收带来企业成本的增加，如提高环保标准，要求企业投入大量环境治理设备，可能导致企业创新动力不足，生产积极性下降，生产率降低，不利于行业长远发展。

第二，庇古税征收后由政府统一进行转移支付，但政府不一定将征收的资金足额精确地用于弥补环境损失，可能出现私人成本增加但污染并未减少的现象。

第三，政府可能无法准确地用货币成本测量企业对环境的破坏程度，庇古税的思路是一种理想化的情形，现实中政府对税收标准的设计和判断可能存在误差，无法确定究竟税率和排放标准设定在哪种水平才能达到最优。

2. 科斯的思路

制度经济学家科斯（Coase，1960）在《社会成本问题》中提出将环境成本内部化的新思路。他认为要从总量和边际的角度看待该问题。企业支付治理污染的费用会增加企业成本开支，加重其经济负担，与企业最大化利润的根本目标相矛盾。因此，企业势必会选择污染排放而非高成本的污染治理。但在产权明晰的情况下，排污权可转变为企业的一种用于交换利益的权力，从而将市场失灵转为有效，利用排污权交易的成交价调节污染排放量，引导资源达到最优配置。后继学者将之总结为科斯定理，即当市场交易成本为零时，无论初始状态下的产权如何配置，市场的交易活动总能将资源配置最优化。按照科斯的观点，如果将产权确定为私有产权，环境污染就从负外部性变成了内部性，只要达成交易，则无论交易双方还是社会都会获益。环境污染这一负外部性，触发了一种利于社会进步的市场交易。

然而，一方面对产权的明晰界定是需要成本的；另一方面，当环境污染的外部性涉及众多参与者时，他们占据垄断地位，彼此包庇联合行动，不会轻易与利益受损方达成交易。也就是说，交易成本为零只是一种理想状态，实际生活中可能存在大量交易成本，包括信息的搜寻、发布、讨价还价、谈判、签约、监督、合约执行和违约带来的一切成本。在这种情况下，科斯的思路也并不能完美解决问题。

实际上，无论是庇古还是科斯的思路都有其重要意义，也都存在尚未解决的问题。在实践过程中，如何将政府的有力领导和市场的有效运行结合起来，是推进绿色发展的关键。需要解决的核心问题是"如何通过复杂的政治利益去激励个人做出与集体利益相容的决定"（Wallis，2003）。传统的市场激励或新古典主义均衡函数已不能完全解决该问题。在目标函数中还要将政府纳入考虑范围，要深化绿色金融、推进绿色发展则必须要面对该问题，并对此进行创新尝试。

3.3.3 绿色金融的实践路径

1. 梯若尔的思路：规制与激励理论

新制度学派经济学家让·梯若尔（Tirole，2007）认可科斯定理的成立，但同时提出基于私人双方达成的合约或者协议基于两个原因会出现失效的可能性：一是合约存在外部性，因为合约只涉及签署的双方，排除了其他利益相关者，那么合约的执行可能损害利益相关者的利益。以投资方与污染企业的借贷合约为例，污染企业的生产带来的利润由企业和投资人获取，但污染企业对环境的破坏却由社会承担，因而合约的实施过程势必受到利益相关方的阻止。二是合约的有效性取决于信息的对称性，而合约的执行方必然拥有一定的信息优势带来信息不对称问题。比如，企业的管理层将投资人的资金挪作他用，隐瞒资金用途，影响合约的有效性。

基于以上问题，梯若尔认为按照传统经济和金融理论把法律、规制和社会政治环境等视为外生给定的因素是不恰当的，需要将公共政策与公司金融的交互影响放入研究框架中来。我们以借贷合约为研究对象。首先，公共政策可以对借款人（企业）和放款人（投资者）的私人合约产生显性影响，例如政府制定的上市企业强制信息披露政策以及对公司治理的其他相关规定等。其次，除显性影响之外，公共政策对企业的盈利能力和利润水平等还存在隐性影响，例如政府颁布的环境保护法律法规、劳动法规、对金融机构的监管政策，产业政策等。这些公共政策如何影响借贷双方的效用，进而对更大范围内的社会效用产生影响，梯若尔在《公司金融》一书中进行了分析。

梯若尔将信息经济学引入规制分析领域，认为信息不对称制约了代理关系，形成了激励问题。一方面，企业掌握关于自身的私人信息，如技术水平、环境治理水平以及盈利的多少等，引发逆向选择问题。另一方面，投资者无法观察到的内生变量构成了道德风险，如企业在选择项目时是否严谨，项目的风险程度，企业在融资后是否尽力完成项目，是否存在以过高的价格购买设备和原材料进而降低项目盈利等。信息不对称使投资者不能及时规避和制止企业损害盈利的行为。

借款人为了提高借款能力、获得所需资金则必须向投资者做出让步，这是梯若尔对公司金融问题分析的出发点。而企业的资金实力越弱，为了获得投资会对投资者做出更大程度的让步，让步包括增加抵押品金额、让渡企业的部分控制权等形式，经营规模小的企业必须向投资者提供更高额度的担保等。因此，公共政策的完备性和强制性降低了信息不对称的程度，进而降低了资金实力弱的企业让步的程度。

以 $c = (c_1, c_2, \cdots, c_n)$ 表示企业为了获得资金必须作出的让步，以 $e = (e_1, e_2, \cdots, e_n)$ 表示合约制度，如控制权的分配、股权和债券的实施等，更一般地，e 代表所有影响企业可保证收入和企业价值的外生变量。那么，企业的可保证收入可表示为 $P(c, e)$，同时有：

$\dfrac{\partial P}{\partial c_i} > 0$，$i = 1, 2, \cdots, n$，即这种让步有利于吸引更多资金，

$\dfrac{\partial P}{\partial e_i} > 0$，$i = 1, 2, \cdots, m$，即合约的完备和改善程度有助于企业吸

引资金，

I 为项目的投资规模，A 为企业的现金持有量，$I-A$ 即为投资者投入的资金，那么投资者收支相抵的条件为：

$$P(c, e) \geqslant I - A,$$

设定企业的总价值（包括获得借款资金在内）为 $\nu(c, e)$，有：

$\dfrac{\partial \nu}{\partial c_j} < 0$，$j = 1, 2, \cdots, n$，即企业做出的让步会损害企业的总价值。

同时，由于合约制度简化为影响借贷双方事后转移支付的现金流权利时，

$$\dfrac{\partial \nu}{\partial e_j} = 0, \ j = 1, 2, \cdots, m,$$

但更一般地，制定和颁布公共政策可能会影响企业价值，且这种影响的正负性取决于政策的性质。例如，当公共政策要求企业必须强制性地进行信息披露时会导致交易成本上升，使 $\dfrac{\partial \nu}{\partial e_j} < 0$；而当公共政策进行税收减免时企业可能会获益，使 $\dfrac{\partial \nu}{\partial e_j} > 0$。

现在考察公共政策环境变化对企业价值的影响，作为借款人的企业其最优化求解问题为：

$$\max_e \nu(c, e),$$
$$\text{s. t. } P(c, e) \geqslant I - A,$$

设定 μ 表示融资约束的影子价格，则：

$$\dfrac{\partial \nu}{\partial c_i} + \mu \dfrac{\partial P}{\partial c_i} = 0, \ \forall i_\circ$$

公共环境政策变化的影响为:

$$\frac{\mathrm{d}\nu}{\mathrm{d}e_j} = \frac{\partial \nu}{\partial e_j} + \mu \frac{\partial P}{\partial e_j},$$

其中,$\frac{\partial \nu}{\partial e_j}$ 表示直接效应,或成本效益,如果项目完成后仅有现金流从借方向贷方转移,那么直接效益为 0,$\mu \frac{\partial P}{\partial e_j}$ 是使能效应(enabling effects),当公共政策的前景有助于企业吸收资金时,可以减少借款人的让步,从而有利于增加利润。

接下来进一步考察企业、投资者和政府在政策环境下的效用。对企业而言,项目成功的利润为 RI,概率为 $p + \tau$,失败则利润为 0,概率为 $1 - (p + \tau)$,其中 p 由企业决定,当企业尽责完成项目时,$p = p_H$;当企业懈怠时,企业管理层可能获得私人收益 BI,但项目成果概率下降,$p = p_L$。

对政府政策影响方面,τ 由政府政策决定。政府采取的有利于企业增加利润的政策会带来投资额的上升,但实施政策所需的成本也随之上升 $\widetilde{\gamma}(\tau)I$。该成本由企业和投资者共同承担,企业承担的比例为 δ_b,投资人承担的比例为 δ_l,其中 $\delta_b + \delta_l = 1$。

在政府的目标函数中,企业和投资者的效用所占比重分别为 ω_b 和 ω_l。如果企业所获得的收益 R_b 要足够让企业放弃私人收益 BI,则必须满足:

$$\left[(P_H + \tau) - (P_L + \tau) \right] R_b \geqslant \mathrm{BI} 。$$

而投资者愿意向投资规模为 I 的企业提供融资的充要条件则是其期望利润足以补偿投资,即:

$$(P_H + \tau)(R - B/\Delta p)I - \sigma_l \widetilde{\gamma}(\tau)I = I - A,$$

其中,投资者的成本与企业的投资规模成比例。

将以上等式简化,令 a 为公共政策所引起的期望收益成比例增加额,$a \equiv \dfrac{\tau}{p_H}$,$\gamma(a) \equiv \widetilde{\gamma}(p_H a)$。同时,令 $\rho_0 \equiv p_H \left(R - \dfrac{B}{\Delta p} \right)$,$\rho_1 \equiv p_H R$,则借款

约束条件重新表述为：

$$(1 + a)\rho_0 I - \sigma_l \gamma(a) I = I - A,$$

或者

$$I = I(a) = \frac{A}{1 + \sigma_l \gamma(a) - (1 + a)\rho_0},$$

企业的效用为：$U_b = [(1 + a)\rho_1 - 1 - \gamma(a)] I(a)$，事后，企业作为借款人已完成了向投资人的支付，其效用变为 $U_b^{after} = [(1 + a)(\rho_0 - \rho_1) - \sigma_b \gamma(a)] I$。

政府的目标函数为：$W^{before} = \overline{\omega}_b U_b + \overline{\omega}_l \times 0 = \overline{\omega}_b [(1 + a)\rho_1 - 1 - \gamma(a)] I(a)$，即投资者的资金供给具有完全弹性，且在事前不会获得租金，但事后会获得租金。

政策的最优解为：

$$\frac{\mathrm{d}W^{before}}{\mathrm{d}a} = 0,$$

得出

$$\gamma'(a) = \rho_1 + \frac{U_b(a) I'(a)}{I^2(a)},$$

由于 $U_b > 0$，否则企业不会投资该项目，且 $I' > 0$，所以

$$\gamma'(a) > \rho_1。$$

与没有政策支持（$\gamma'(a) = \rho_1$）相比，显然最优政策更有利于增加利润，由于政策增加了投资者对收益和回报的预期，降低了投资者对企业的不信任程度，有助于吸引投资，从而产生了上文分析的使能效应。

通过梯若尔的分析可以看出，当公共政策对投资者产生吸引的预期后，企业的融资成本下降，尤其是受融资约束较大的企业，其让步的幅度降低，利润上升，投资者的收益也得到提升，公共政策的介入使得社会效用较没有公共政策支持时得到了改善。梯若尔基于规制和激励理论结合的分析框架为绿色金融政策的实施提供了理论依据，当不同主体的目标函数不一致时，政府通过制定公共政策降低了投资者和企业双方的不信任程

度，企业获取资金的成本下降，项目盈利增加。绿色金融政策的颁布意味着投资者对绿色环保项目注入资金的预期收益上升，而企业对环保项目的进展受到政府及其委托人的监督（例如发行绿色债券的企业需要向发改委等机构出具申请资料，接受审批，并定期公开披露项目进展情况），事实上降低了投资者的资金风险。资金风险的降低使投资者要求企业付出的让步成本下降，以政府目标函数的最优化为目的、推行绿色金融政策有助于社会总福利得到最大化实现。这一理论为绿色金融政策的实施提供了理论基础和决策参考价值。

2. 金融规制理论：规制理论的新发展

梯若尔从理论上说明了政府通过制定公共政策能吸引更多投资资金，降低企业融资成本，这一分析视角是基于企业与投资者之间的直接投资。在间接投资中政府的公共政策是否同样有效，则是金融规制理论需要讨论的问题。

长期以来，银行业等金融机构与经济增长的关系一直是金融和经济领域研究的重点之一。金融发展理论一般认为金融发展与经济增长之间有积极的关系（Beck、Loayza and Levine，2000；Aghion，2004；Christopoulos and Tsionas，2004；Vlachos and Waldenstrom，2005；Shen and Lee，2006）。然而，在 Minsky（1986）提出"金融不稳定假说"之后，金融脆弱性问题引起了广泛的关注。金融机构的扩张及其对衍生品和证券化交易规模的扩大，会放大杠杆率并导致金融风险增加，金融机构的规模发展可能导致金融体系不稳定性加剧，对经济增长产生负面影响（Menkhoff，2000；Aghion et al.，2004）。Gambacorta et al.（2014）认为银行等金融机构的发展在一定水平内能促进经济增长，但一旦超出限制，扩大银行贷款或市场融资不再促进实际增长。Epstein and Crotty（2013）认为，金融业已过于庞大，金融部门通过证券化等扩张的方式加剧了不稳定性，并占据了环境资源，不仅不利于支持实体经济，还会对环境产生负面影响。此外，金融领域本身具备信息不对称性，表现为价格体系不能有效地传递信息，造成市场参与者需付出较高的信息获取成本，无法实现信息效率市场均衡，引发金融市场的低效率(Grossman and Stiglitz，1976)。

沿着这一思路发展，金融规制理论开始得到学者的关注。金融规制理论源于制度经济学，North(1990)将制度定义为"人为设计的约束或游戏规则，用以构建政治、经济和社会的互动"。他进一步指出，制度提供了经济体的激励结构。根据结构的转变，也重塑了经济增长的方向。Roland(2004)将制度分为"慢速转变"与"快速转变"，前者指的制度包括文化、信仰和社会规范等，其变化过程较长；后者指的制度以政府政策等为代表，不一定经常变化，但可以迅速改变。两种制度交互作用，通过体制变化促进经济增长。

具体到金融领域，著名的米什金"八大金融谜团"总结出世界范围内的共有现象，即金融体系是经济活动中受政府管制最严格的部门之一。政府对金融业的市场准入、资产业务及其经营限制、资本金最低要求以及最后贷款人和金融保险等制度均做出严格规定。庇古和科斯的理论实质上都认为政府在环境治理中能有所作为，如制定环境税、确定环境资源的产权、通过制度安排实现交易成本的降低等。事实上，中国的金融制度变迁一直是由政府主导的，这种变迁现实的背后原因在于以国家效用函数为目的，每次的变迁行为不是为了单个经济主体的效用最大化，而是为了整体上的国家"总量目标"最大化(郭梅亮和徐璋勇，2010)。

因此，绿色金融本质上也是政府通过政策引导介入金融业进行"绿色"规制的一种体现。根据庇古的理论，绿色金融政策的实施也是以"国家效用函数"为主体进行的绿色尝试，其目的不是为了私人部门的效用最大化，而是为了社会总体效用的最大化。梯若尔也认为，市场存在需要矫正的缺陷，如交易带来的负外部性，企业拥有过高的市场势力，以及市场交易主体地位的不平等。在认可庇古的理论的基础上，梯若尔认为政府与市场并非对立关系，而是互补关系，政府可以矫正前述的市场失灵问题。具体而言，政府制定规则，明确市场参与者的责任；而市场参与者在规则限定的框架内追求利益最大化。沿此思路，绿色金融政策可以从两方面提升金融业的绿色效率进而促进经济绿色发展：

第一，从金融规制的本质功能出发。

根据制度经济学理论，诺斯认为制度是"一个社会的游戏规则"；德国制度经济学家柯武刚和史漫飞（Kasper and Streit，2000）在其著作《制度经济学：经济秩序与公共政策》中，将制度定义为"人类相互交往的规则"。根据制度经济学的定义，金融制度则是为金融活动制定的规则。诺思曾指出："制度构造了人们在政治、社会或经济方面发生交换的激励结构……制度确定和限制了人们的选择集合，它包括人类用来决定人们相互关系的任何形式的制约。这种制约既包括人们对所从事的某些活动予以禁止的方面，也包括允许人们在怎样的条件下可以从事某些活动的方面。"①这说明，金融规则的功能体现在两个渠道：一是约束参与者，惩罚其不规范的金融行为；二是激励参与者在从事金融活动时选择比较规范的行为。正式金融规则通过法律、法规、条例和规章等将政策以国家强制力推进执行，确保约束和激励功能的正常发挥。以绿色信贷政策为例，一方面绿色信贷政策要求金融机构限制或禁止向污染行业提供授信，即通过制度约束了污染企业的污染行为；另一方面要求金融机构支持环保行业的发展，提供相应的优惠政策，即通过制度激励了支持环保企业的发展。

第二，从解决信息不对称问题角度出发。

金融规则能够发挥作用的第二个因素是其能解决信息问题。金融规则必须是有关各方都认可的共同规则，通过规制的制定和公布能凝聚参与者的共识，给予参与者共同的预期。只有当规则是共同信息时，它对行为个体才有价值。同理，正是因为有了金融规则这种共同信息，金融活动才不会被激励问题阻碍，金融活动的效率也才得以大幅度提高。绿色金融的目标即是凝聚市场参与者共识的体现，参与者形成了共同的预期，认为环境责任意识强的企业会获得激励，环境责任意识低的企业会面临更高的环境风险，并会得到相关部门的惩罚。故投资者能采取更一致的态度对不同行

---

① ［美］诺思. 制度、制度变迁与经济绩效［M］. 上海：格致出版社，2008.

为区别对待。此外，金融规则除了本身所包含的信息以外，还通过规范化和正式化的要求帮助其他金融活动参与者解决信息问题，即通过强制要求相关各方披露有关信息解决信息问题。例如绿色信贷政策是原银保监会与生态环保部门共同合作，生态环保部门将企业环境合规与否的信息分享给银行等信贷执行部门，这些规则的实施都有助于解决信息问题，降低信息不对称的程度，从而缓解金融活动中的激励问题。

通过对金融规制的设计，实际上要达到金融规则激励兼容的效果，即能够在激励人们基于自利而积极参与金融活动的同时，也实现正式金融规则期望的社会目标。绿色金融的目的不止于金融机构承担社会责任，而是要在金融规制的驱动下重塑金融体系的功能，拓展金融机构在绿色领域的发展空间，通过对金融领域的绿色制度安排，激励金融市场的参与者在追求自身利益最大化的同时，积极参与绿色项目，引导社会资本进入绿色金融领域，推进绿色经济的发展。

3. 绿色金融政策推进社会总量目标的路径分析

根据以上信息与规制理论和金融规制理论分析，可以总结出绿色金融政策对外部性内部化的具体思路和推进路径，其核心是将环境外部性问题通过金融机制转化为内生性收益问题，如图 3.4 所示。

由于道德风险和逆向选择的存在，投资者以及金融中介机构作为资金的委托人，与企业作为资金的代理人之间出现委托代理问题，企业为了获得融资不得不进行让步，如提高担保或抵押额度等。这种情况在公共政策出现后会得到缓解，政府出于公共利益的需要制定了公共政策而并通过规制机构进行颁布和监督后，信息不对称问题得到了一定程度的缓解，即出现了监督人的角色。对企业而言，当企业需要投资环保项目却存在融资约束时，规制机构针对环保产业制定的支持和优惠政策为项目提供了可靠的应用前景和盈利预期，从而吸引更多资金缓解企业融资压力，企业的让步程度得以减轻。同样，当企业需要投资的项目为污染性和产能过剩的项目时，政策的禁止阻挡了投资资金，增加了企业对污染性项目的融资成本，

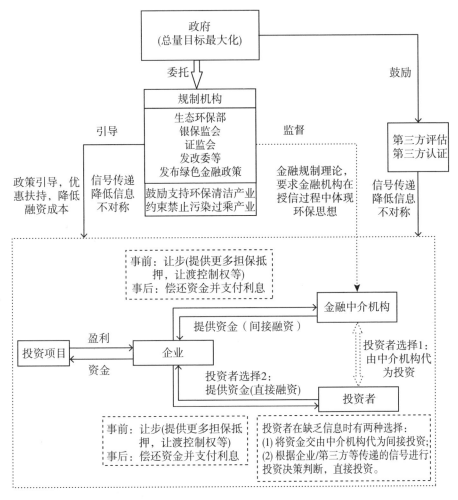

图 3.4　本书的理论分析框架图

促使环境问题得到内部化解决。

对投资者而言，道德风险使投资者无法判断企业对项目的努力程度，投资者此时可以进行两种选择。一是将资金存入金融中介机构，通过金融中介机构代为投资，金融中介机构承担了项目风险，投资者所承担的风险得以降低。绿色金融政策打通了银行等金融中介机构各部门之间的合作渠道,使之能获得生态环境部提供的企业是否有环境违规的相关信息,其信息不对称程度和投资风险也得以降低,降低了企业需要提供的资金回报。二是投资者自行投资,此时投资者会搜集企业相关信息,由于强制性的环境信息披露政策要求企业进行信息披露,加之绿色信贷政策和绿色债券发行指引对企业的环境信息披露均作出了相关要求,因此投资者可以通过以上信号缓解信息不对称程度,降低投资风险及对企业资金回报的要求,进而降低企业的融资成本。将政府制定公共政策纳入分析框架后,以社会效用最大化为目标进行绿色金融政策的效应分析,可以发现投资者、企业以及环境利益相关方的效用均得到改善。

根据以上概念分析框架,可以总结出绿色金融推进绿色发展的路径,即以内部化绿色发展外部性的政策体系(包括产业政策、监管政策、行业规范政策和社会评价体系等)为内核,在绿色金融市场提供的信号激励和流动性保证下,提高环保项目的投资回报率,降低污染项目的投资回报率,引导资源配置促使企业减少对环境有负面影响的投资项目,增加节能减排、环境治理等技术含量高、环境污染少的投资项目,进而带动经济的绿色转型与发展。具体而言,构建绿色金融推进绿色发展的路径可以通过以下几个渠道体现:

第一,引导社会资本进入环境领域,杜绝"公地悲剧",实现绿色低碳经济发展。一方面,政府通过制定绿色信贷政策将间接融资引导进入生态环境领域;另一方面,社会资本在获得了政府的绿色金融政策支持信号后,环境领域的投资吸引力增加,社会直接融资也得以进入环境领域,从而改变了环境领域的公共品属性,将公共品的外部性通过金融市场内部化,转变了长期以来中国经济增长与资源耗竭、生态恶化现象相伴随的局面,促进了绿色低碳经济的发展。

第二,创新金融产品,实现对绿色经济的扶持。绿色金融旨在通过有机系统实现绿色低碳和金融服务模式的互动协同发展。金融业务创新不仅可以通过市场经济手段推进绿色经济,二者的内在机理也是协同一致的,在降低环境风险、提升环境治理和促进经济绿色发展的过程中可以激发更多的金融产品创新。当金融机构和机构投资者都开始提升社会责任尤其是环境责任意识时，经济活动会更趋于绿色化，如绿色债券、绿色指数和绿色基金投资等各种创新的金融产品被推向市场，给投资者更多投资环境和金融互动的产品选择，实现绿色发展和金融创新的双赢。

第三，鼓励第三方机构进入绿色评价体系，积极参与和支持绿色金融创新。第三方机构参与绿色金融的方式包括第三方认证和第三方评估。以绿色债券为例，第三方认证是指绿色债券等产品的发行人向具有权威资质的绿色标准评价机构申请获批绿色标识，从而能向市场传递清晰的绿色信号(O'Dwyer et al.，2011)。以企业的环境信息披露评估为例，第三方评估是由具备独立立场的专业组织或业界专家根据上市企业披露的环境信息，在知名媒体上发布的评级或评分报告(Chen and Xie，2005)。通过第三方机构的参与，可以有效提升企业绿色行为的可信度，降低信息传递和获取成本，提升企业的环境责任声誉，保障绿色金融市场的发展，为更好推进经济绿色发展提供不可或缺的配套服务支持。

以上框架为本书接下来继续开展研究的理论基础，在接下来的第五到七章以实证分析的方式考察投资者和企业在绿色金融政策推进过程中的行为及收益，以及绿色金融政策对企业绿色转型和发展的促进作用。

3.4 本章小结

绿色金融与绿色发展的关系本质上是通过金融协调经济与环境的关系。环境领域最显著的特征即是外部性。一方面，环境污染带来显著的负外部性，高耗能且污染量大的产业生产所排放出来的污染物对社会危害性极大，带来私人成本的社会化；另一方面，对环境的治理会产生正外部性，企业需要投入大量资金设备，并对技术进行改造升级，但环境治理后的收益由社会共享，导致企业对环境治理的内在驱动力不足。为此，本章从绿色金融与绿色发展的概念入手，寻找二者之间的内在关联性，并在此基础上提出以绿色金融为杠杆撬动绿色发展的分析框架和推进路径。这为

后文的展开提供了理论基础,为实证分析铺平了道路。通过本章的研究,主要总结了如下三点结论:

首先,从绿色金融的内涵来看,绿色金融是通过金融手段和金融工具将稀缺的环境资源在经济各领域进行优化配置,为绿色经济提供所需的投融资服务。其主要目标在于,一方面就金融发展本身而言,将环境风险和绿色机遇纳入自身可持续经营过程中;另一方面将社会资金引向污染治理、环境友好、节能减排和绿色科技等新兴绿色领域,促进经济结构的转型升级,最终实现经济绿色发展。相较于传统金融活动,绿色金融考虑的维度更广泛,将环境和社会效益包含在内,将绿色化程度作为判断金融机构效率的一种评判维度,寻求在金融业的支持下推动生态环保、经济增长和资源利用的均衡发展。

其次,从绿色发展的内涵来看,绿色发展是体现环境价值的可持续发展观念,是传统的人与自然和谐共存理念的发展。绿色发展认为经济生活的评价标准不能被简化为对经济价值的创造,还要考虑到关乎人类共同利益的重大环境因素;不仅要考虑当代人的环境公平,还要考虑代际间的环境公平问题。而金融的功能正是实现资源调配的重要手段。因此,绿色金融与绿色发展从概念上即体现出内在关联性,绿色金融是实现绿色发展的重要路径,绿色发展是绿色金融最终要达到的目标。

最后,从外部性内部化的解决思路来看,将绿色发展的外部性内部化是绿色金融机制的内核。通过信息激励理论与金融规制理论的分析,在市场失灵的背景下,政府制定相关的环境公共政策并通过规制机构介入,可以有效缓解金融市场在环境领域的失灵,应对绿色金融供给不足的缺失;可以使企业的非绿色行为成本和绿色行为的收益显性化、数量化和货币化,改变环境资源的公共品属性,将资源的稀缺性价值化,提高金融机构和金融市场投资者对绿色项目的偏好,减少对污染项目的投资倾向,引导更多社会资源流向绿色发展领域。

第4章 中国绿色金融政策演变
与现实挑战

作为全球首个建立绿色金融政策体系的经济体，中国在绿色金融实践中取得了令人瞩目的进展。为了深刻探究近年来中国绿色金融发展的社会经济效应及其背后的作用机制，我们有必要对中国绿色金融进展的演化和现状进行全面概述与总结，这既是实证分析部分开展的逻辑起点，也为后续章节的研究与分析提供了现实背景与依据。

4.1 中国绿色金融政策的发展阶段

4.1.1 萌芽阶段(2005年之前)

中国的绿色金融政策建立在国家层面对环境保护的重视和相关法律基石之上。中国政府对环境保护的重视可追溯至20世纪80年代。1983年，国务院召开的第二次全国环境保护会议，将环境保护确立为基本国策。1995年，中国人民银行发布了《关于贯彻信贷政策与加强环境保护相关问题的通知》，要求各级金融机构将信贷与环境保护、资源节约结合起来，银行发放贷款时要综合考虑污染防治和生态保护等因素，以金融业对绿化的引导为契机，带动经济建设和环境保护协调统一。尽管当时的《通知》中未明确出现"环境金融"或"绿色金融"等名称，但那却是中国最早与绿色金融直接相关的政策文件，金融与环保的联系自此确立下来。

1995年以后，金融部门对贷款项目开始进行初步划分，划分为"不能贷款""审查后贷款"和"优惠扶持"三类，将信贷与环境污染防治进行了初步结合。1996 年，中国和亚洲开发银行合作开展"工业节能"项目，与全球环境基金(GEF)合作进行节能促进项目和可再生能源项目等。然而，由于当时政策大环境的不具备和配套政策的缺失，导致政策未能产生明显成效，绿色金融政策也未能形成体系。2003 年，国际社会发起提出针对金融机构的"赤道原则"，当时中国金融机构也并未加入，因此这一阶段中国的金融政策中所体现的更多是绿色金融意识的萌发与发展。

4.1.2　起步阶段(2006—2011 年)

2007 年，以发布《关于落实环境保护政策法规防范信贷风险的意见》等系列绿色信贷政策文件为起点，绿色信贷、绿色保险和绿色证券相关政策相继出台，初步构建起中国绿色金融政策体系框架，并开始推动中国绿色金融领域的相关发展。

这一阶段环境保护已成为国家发展战略中的重要内容，环境管理和执法能力也在不断强化，对不符合环境要求的企业查处力度提升，直接增加了银行业信贷风险。因此，从环境保护和金融风险防控的角度出发，环保部门与金融部门的合作势在必行。在此背景下，2007 年 7 月，中国人民银行、原国家环保总局、原银监会三部门联合下发了《关于落实环境保护政策法规防范信贷风险的意见》。该意见将加强环保和信贷管理工作的协调配合作为工作目标，要求银行发放贷款时必须参考和遵循国家产业政策分类发放，有保有压区别对待。对于未通过环评审议或环保设施验收的项目，不得新增任何形式的授信；对于违规排污企业要严格限制流动资金贷款。该文件把强化环境监管和规范信贷管理结合起来，把企业绿色环保政策法规作为信贷管理的重要内容，把企业环境守法情况作为对企业贷款的前提条件；强调防范因环境问题而产生的银行信贷责任，并提出在环保部门、中国人民银行、银行监管部门和金融机构之间建立信息沟通机制。这一文件的出台意味着国家环境监管部门和金融监管部门首次开展跨部门合作，改变了以往单个部门出台环保相关政策的作法，因此，在绿色信贷和绿色金融政策发展历程上具有里程碑式的重要意义。

在此之后，环保部门和金融部门之间的跨部门合作扩展到保险和证券领域。2007年12月，由原国家环保总局和原中国保险监督管理委员会联合制定的《关于环境污染责任保险工作的指导意见》正式发布，提出以企业发生污染事故对第三者造成的损害，依法应承担的赔偿责任为标的的环境污染责任保险，建议各地在地市以上区域开展环境污染责任保险试点工作，重点选择环境危害大、最易发生污染事故和损失容易确定的行业、企业和地区，率先开展环境污染责任保险工作。该文件的出台意味着绿色保险制度正式启动，成为继绿色信贷政策之后的另一项环境管理与市场手段相结合的有益尝试。

2007年，原国家环保总局颁布实施了《关于进一步规范重污染行业生产经营公司申请上市或再融资环境保护核查工作的通知》以及《上市公司环境保护核查工作指南》，明确了从事火力发电、钢铁、水泥、电解铝行业的公司和跨省从事其他重污染行业生产经营公司的环保核查程序要求。2008年2月，原环保总局发布《关于加强上市公司环境保护监督管理工作的指导意见》，提出要进一步完善上市公司环保核查相关规定。对于核查时段内严重违反国家环保法律法规和产业政策、发生重大环境污染事故且造成严重后果以及在核查过程中弄虚作假的上市公司，不得出具环保核查意见。与此同时，证监会发布《关于重污染行业生产经营公司IPO申请申报文件的通知》，要求从事火力发电、钢铁、水泥、电解铝行业和跨省从事其他重污染行业生产经营活动的企业申请首次公开发行股票的，申请文件中应当提供国家环保总局的核查意见。从以上文件可以看出证监会与环保部门也展开了联合工作，将环保核查与企业上市进行关联，开启了中国绿色证券的制度实施。

4.1.3 提速阶段(2012—2015年)

进入"十二五"之后，中国对环境保护的重视度进一步深化和加强，出台《"十二五"全国环境保护法规和环境经济政策建设规划》，其中重点提出了深化环境金融服务，具体包括四项主要内容：第一，健全绿色信贷政策，制定绿色信贷行业指南；第二，深化环境污染责任保险政策，制定环境污染责任保险配套技术规范；第三，完善绿色证券政策，进一步规范上市公司环境保护核查和后督察制度，建立和完善上市公司环境信息披露机制；第四，开展环境保护债券政策研究，积极支持符合条件的企业发行债券用于环境保护项目。在这一时期对环境金融政策做了相关部署，认为其是环境经济政策的重要组成部分，与价格政策、财税政策和绿色贸易政策等相辅相成。

2012年2月，原银监会发布了《绿色信贷指引》，对银行业金融机构识别、监测和控制信贷业务中的环境和社会风险，完善相关信贷政策制度和流程管理提出了规范和明确的要求。随后，原银监会在2013和2014年分别颁发了《绿色信贷统计制度》和《绿色信贷实施情况关键评价指标》，对绿色信贷的具体业务做了细节上的补充规定。这一时期，原环保部与原保监会在之前开展试点工作的基础上总结发现，在实践工作中运用保险工具，以社会化和市场化途径解决环境污染损害，有利于促使企业加强环境风险管理，减少污染事故发生，也有利于迅速应对污染事故。因此在2013年2月，原环保部与原保监会联合印发了《关于开展环境污染强制责任保险试点工作的指导意见》，要求涉重金属企业，以及石化行业企业、危险化学品经营企业和危险废物经营企业必须强制购买环境污染保险。

2013年11月，党的十八届三中全会公布了《中共中央关于全面深化改革若干问题的决定》，该决定虽然没有直接对绿色金融有所要求，但其中关于生态文明建设的改革任务均与绿色金融的发展密切相关。例如，对自然资源和产品价格进行市场化改革，对造成生态环境损害的责任者实施严格赔偿制度，独立进行环境监管和行政执法等。该《决定》的颁布有利于创造绿色金融发展的外部环境，扩展对绿色金融的市场需求，强化金融机构开展绿色金融的内在驱动力。至此，中国绿色金融的政策体系亟须建立全面完善的系统，以拓展更大的发展空间。

4.1.4 深化阶段(2016 年以后)

2016 年 8 月 31 日,中国人民银行、财政部、国家发展改革委、原环境保护部、原银监会、证监会、原保监会印发《关于构建绿色金融体系的指导意见》。《意见》提出发展绿色金融的八项任务:大力发展绿色信贷、推动证券市场支持绿色投资、设立绿色发展基金,通过政府和社会资本合作(PPP)模式动员社会资本、发展绿色保险、完善环境权益交易市场、支持地方发展绿色金融、推动开展绿色金融国际合作和防范金融风险。该《意见》被视为发展绿色金融的纲领性文件,开启了系统性的绿色金融制度体系建设进程。

党的十九大报告将发展绿色金融作为推进绿色发展的重要力量,指出要"构建市场导向的绿色技术创新体系,发展绿色金融,壮大节能环保产业、清洁生产产业、清洁能源产业"。这意味着发展绿色金融已上升至国家战略层面,绿色金融"顶层设计"覆盖更多部门,政策传导和政策工具使用向纵深化推进。

2017 年 6 月,中国人民银行、国家标准化管理委员会等在《金融业标准化体系建设发展规划(2016—2020)》中将绿色金融标准化工程作为重点工程。由此开启了一系列关于绿色金融标准化的建设之路:2019 年,发改委颁布《绿色产业指导目录(2019 年版)》,将绿色产业划分为六大类别,包括节能环保产业、清洁生产产业、清洁能源产业、生态环境产业、基础设施绿色升级以及绿色服务。2020 年 5 月,央行、发改委等印发《绿色债券支持项目目录(2020 年版)》,对《绿色产业指导目录(2019 年版)》三级分类进行了细化。2020 年 7 月,中国人民银行印发《银行业存款类金融机构绿色金融业绩评价方案》,除了绿色贷款外,将绿色债券也纳入银行绿色金融业务的考核范围。

更进一步地,2020 年 3 月 3 日,中共中央办公厅、国务院办公厅发布《关于构建现代环境治理体系的指导意见》。围绕着坚持党的领导、多方共治、市场导向和依法治理四项基本原则,提出了环境治理的领导责任体系、企业责任体系、全民行动体系、监管体系、市场体系、信用体系和法律法规政策体系七大体系建设。该意见的出台加速推动了中国现代环境治理体系的建设，为中国绿色金融发展创造良好的外部环境，而绿色金融的发展又进一步促进了现代环境治理体系的完善。

4.2　中国绿色金融的相关政策

4.2.1　绿色信贷相关政策

绿色信贷作为一种绿色创新的金融工具，可以将银行等金融机构中用于配置的资金与绿色项目的未来收益进行跨期配置。通过绿色信贷政策能有效实现绿色金融的相关功能，绿色信贷政策的本质是政府引导金融机构通过经济杠杆推动环保事业发展。具体要求包括金融机构根据国家的环境经济政策和产业政策，对从事循环经济和研发制造环保设备等产业提供信贷扶持，并在利率等方面给予优惠措施；而对产能过剩和污染企业的信贷需求予以限制和禁止。绿色信贷通过引导资金流入环保产业，并从污染产业和产能过剩的落后产业中抽离资金，从而优化资金的绿色配置。

绿色信贷政策作为中国最早实施的绿色金融政策，迄今已有十余年的发展历史：2007 年 7 月，原国家环保总局、中国人民银行和原银监会联合颁发《关于落实环境保护政策法规防范信贷风险的意见》，将强化环境监管与规范信贷管理结合起来，把企业环境守法情况作为企业贷款的前提条件，首次将绿色信贷作为环境治理的重要市场手段，标志着绿色信贷政策正式启动。在此之前贷款政策以惩罚手段为主，在此之后绿色信贷政策则正式成为激励政策。

2012 年，原银监会印发了《绿色信贷指引》，从组织管理、政策制度与能力建设、流程管理、内控管理与信息披露、监督检查等方面要求银行业金融机构从战略高度推进绿色信贷，加大对绿色经济、低碳经济和循环经济的支持，防范环境和社会风险，提升自身的环境和社会表现，并以此优化信贷结构，提高服务水平，促进发展方式转变。《指引》的发布明确了银行业金融机构必须有效开展绿色信贷，大力促进节能减排和环境保护，配合国家节能减排战略的实施，充分发挥银行业金融机构在引导社会资金流向、配置资源方面的作用。

具体而言，在组织管理方面，金融机构高级管理层应当明确一名高管人员及牵头管理部门，配备相应资源，组织开展并归口管理绿色信贷工作，即需要有相关的专业人员负责牵头绿色信贷业务。在政策制度及能力建设方面，银行业金融机构要根据国家环保法律法规、产业政策和行业准入政策等规定，明确绿色信贷的支持方向和重点领域，对于存在重大环境和社会风险的客户需实行名单制管理，要制定应对预案、建立沟通机制等风险缓释措施。在内控管理与信息披露方面，要求银行将绿色信贷执行情况纳入内控合规检查范围，定期组织实施绿色信贷内部审计。如有重大问题，应当依据规定问责。另外，还需建立有效的绿色信贷考核评价体系和奖惩机制，确保绿色信贷持续有效开展。在监督检查方面，要求银行至少每两年开展一次绿色信贷的全面评估工作，并向银行业监管机构报送自我评估报告。由于该文件对银行业金融机构如何落实绿色信贷政策提出了明确要求，并对后期的绿色信贷相关措施做了进一步安排，《绿色信贷指引》被视为是推动商业银行发展绿色信贷的一个重要纲领性文件。

从 2017 年起，中国人民银行已将 24 家全国性金融机构的绿色信贷和绿色债券业绩纳入宏观审慎评估体系考核。2017 年 12 月，中国银行业协会印发《中国银行业绿色银行评价实施方案（试行）》，要求各主要银行将每年上报至原银监会的《绿色信贷实施情况关键指标填报表》《绿色信贷实施情况自评价报告》等材料作为绿色银行评价工作的基础材料，评价结果分为四级，提交原银监会等政府部门作为监管参考使用。2018 年，中国人民银行进一步完善考核办法，并将范围逐渐扩展到全国。2018 年 1 月，中国人民银行发布《绿色贷款专项统计制度》，要求金融机构报送绿色贷款专项统计。2018 年 7 月，中国人民银行发布《关于开展银行存款类业金融机构绿色信贷业绩评价的通知》，要求绿色信贷业绩评价每季度开展一次，其中，定量指标权重80%，定性指标权重20%。

4.2.2 绿色债券相关政策

2016年，国家发展改革委发布《绿色债券发行指引》，对绿色金融企业债券进行规范，同时也明确了绿色金融支持的重点项目领域。该文件将绿色债券定义为"募集资金主要用于支持节能减排技术改造、绿色城镇化、能源清洁高效利用、新能源开发利用、循环经济发展、水资源节约和非常规水资源开发利用、污染防治、生态农林业、节能环保产业、低碳产业、生态文明先行示范实验、低碳试点示范等绿色循环低碳发展项目的企业债券"。同时规定了现阶段重点支持的项目，包括节能减排技术改造、绿色城镇化、能源清洁高效利用、新能源开发利用、循环经济发展、水资源节约和污染防治等十二个主要项目，并对审核要求和配套政策进行了规定和明确。

上交所、深交所、证监会、银行间市场交易商协会分别发布《关于开展绿色公司债券试点的通知》《关于开展绿色公司债券业务试点的通知》《关于支持绿色债券发展的指导意见》《非金融企业绿色债务融资工具业务指引》，将绿色公司债券和绿色债务融资工具增加至绿色金融产品范围。2017年10月，人民银行和证监会联合出台了《绿色债券评估认证行为指引（暂行）》，对评估认证机构的资质、业务承接、评估认证内容、评估认证机构管理等方面进行了规范。2020年7月，人民银行、国家发展改革委和证监会印发《绿色债券支持项目目录（2020年版）》（征求意见稿），明确了绿色债券定义，细化了绿色项目范畴和类型，建立了绿色项目分类标准体系。

绿色债券作为一种以优惠利率支持绿色项目的直接融资工具，对发行人、中介机构和投资者都有相对优势。对发行人而言，绿色债券的发行期限相比于绿色信贷更长，能更有效匹配绿色项目的实施周期。绿色债券的发行门槛比普通债券更低：绿色企业债的募集资金占总投资比重可达

80%，而普通企业债的上限为 60%；绿色企业债可以非公开发行，但普通企业债只能公开发行；绿色企业债不受净资产 40% 的限制。此外，绿色债券可以通过专门的绿色通道发行，发行效率更高。对中介机构而言，承销发行绿色债券的中介机构可以在监管评级和证券业协会执业能力评价中获得加分。对投资者而言，绿色债券具有较高流动性，同时能够满足投资者参与环保主题投资的需求。除了上述显性优势之外，部分绿色债券还可以免税，其债券发行相当于有发行机构的认证，这些隐性优势也使得绿色债券的吸引力增强。

4.2.3 绿色保险相关政策

根据《环境污染强制责任保险管理办法(征求意见稿)》，环境污染强制责任保险是指以从事环境高风险生产经营活动的企业事业单位或其他生产经营者因其污染环境导致损害应当承担的赔偿责任为标的的强制性保险。中国环境污染强制责任险试点工作最早始于 2007 年，原环境保护部与原保监会开始联合推动在部分地区的高环境风险领域进行环境污染责任保险试点。2013 年，原环境保护部与原保监会联合印发了《关于开展环境污染强制责任保险试点工作的指导意见》，划分了以五类涉重金属为主的环境高风险企业，并鼓励环境高风险企业投保。2014 年，修订的《环境保护法》提出"国家鼓励投保环境污染责任保险"，但并未使用强制要求。2015 年，国务院颁布《生态文明体制改革总体方案》，明确提出在环境高风险领域建立环境污染强制责任保险制度。2016 年，中国人民银行、财政部和原环境保护部等七部委联合印发《关于构建绿色金融体系的指导意见》，提出"在环境高风险领域建立环境污染强制责任保险制度。按程序推动制修订环境污染强制责任保险相关法律或行政法规，由环境保护部门会同保险监管机构发布实施性规章。"

2017 年 6 月，生态环境部与银保监会共同起草的《环境污染强制责任保险管理办法(征求意见稿)》向社会各界征求意见。2018 年 5 月，生态环境部召开部务会议,审议并原则通过《环境污染强制责任保险管理办法(草案)》。征求意见稿明确提出了污染赔偿的范围不仅包括环境污染所造成的第三方人身和财产损害,也涵盖了环境污染所产生的清理费用和生态修复费用。征求意见稿将生态修复纳入赔偿范围,与生态环境损害赔偿制度形成衔接,将为生态环境修复提供保障。

当前中国 31 个省区市均已开展环境污染强制责任保险试点。但根据 2015—2017 年的统计数据,在全国范围来看,环责险投保企业的数量占规模以上工业企业的比例仍不足 5%,环责险保费收入占责任险保费收入仍不足 1%,保险费率仍高于一般责任险的平均保险费率,投保规模有待提高,产品性价比有待进一步优化①。

4.2.4　绿色金融改革创新试验区

建设绿色金融改革创新试验区,是推动绿色金融的新尝试。该政策始于 2017 年,国务院先后在浙江、江西、广东、贵州和新疆等省(区)选择部分地方实行绿色金融改革先行试验区,标志着中国绿色金融的建设和发展将"自上而下"的顶层设计和"自下而上"的区域探索相结合。2019 年 12 月,甘肃省兰州新区正式加入绿色金融改革创新试验区名单。

试验区的主要任务包括支持金融机构设立绿色金融事业部或绿色支行,鼓励发展绿色信贷,探索建立排污权、水权、用能权等环境权益交易市场,建立绿色产业、项目优先的政府服务通道,建立绿色金融风险防范机制等。截至 2020 年末,六省(区)九地试验区绿色贷款余额达 2368.3 亿元,占全部贷款余额比重 15.1%;绿色债券余额 1350 亿元,同比增长 66%。见表 4.1。

---

① 数据来源于国际环保组织绿色和平(Greenpeace)发布于 2020 年 12 月 7 日的研究报告《中国环境污染责任保险问题与分析》https://www.greenpeace.org.cn/eli-report-20201207/。

表 4.1 绿色金融改革创新试验区的具体创新举措与成果

所属地	试验区	创新成果
浙江	湖州市、衢州市	（1）2018年湖州市发布了《绿色融资企业评价规范》（DB 3305/T 62—2018）、《绿色融资项目评价规范》（DB 3305/T 63—2018）、《绿色银行评价规范》（DB 3305/T 64—2018）、《绿色金融专营机构建设规范》（DB 3305/T 65—2018）共4项绿色金融地方性规范。4项规范在标准定义、指标设置、应用示范等方面实现了新的突破。 （2）2019年由人民银行湖州市中心支行牵头编制的《湖州市绿色金融发展指数研究报告（2017—2018）》正式发布，也是中国首个由绿色金融改革创新试验区发布的区域性绿色金融发展指数。 （3）2021年10月浙江省十三届人大常委会第三十一次会议审议通过《湖州市绿色金融促进条例》，是绿色金融改革创新试验区首部、也是全国地市级首部绿色金融促进条例，旨在推动绿色金融法治化建设，围绕落实碳达峰碳中和重大战略决策，首次以法规形式明确了碳减排与碳金融的政策措施，针对能源、工业、建筑、交通、农业、居民生活等六大领域的碳减排作出了制度安排。 （4）衢州市编制《衢州市"十三五"绿色金融发展规划》《绿色金融纳入"双支柱"政策框架暂行办法》，全国首创金融支持实体经济发展月度评价机制（MFI），将绿色金融和融资畅通指标纳入财政资金竞争性存放评价体系。发布安全生产环境污染责任保险、《绿色企业评价规范》和《绿色项目评价规范》等市级地方标准。率先建成绿色贷款专项统计系统，共推出绿色信贷创新产品167个、绿色保险产品19个、绿色债券5个、绿色基金28个，融资新模式16项。

所属地	试验区	创新成果
江西	赣江新区	（1）研究制定了《关于加强运用货币政策工具支持赣江新区建设绿色金融改革试验区的通知》《关于发展绿色信贷推动生态文明建设的实施意见》《关于绿色金融重点推进的试验任务》《关于加强运用货币政策工具支持赣江新区建设绿色金融改革试验区通知》等政策，将地方法人金融机构发展绿色信贷情况纳入央行评级，范围扩大至村镇银行。在货币政策、信贷考评、银企对接方面建立正向激励机制。 （2）江西省政府设立绿色金融发展贡献奖，将绿色金融纳入全省高质量发展考评。人行南昌中心支行明确绿色银行激励体系，将绿色信贷纳入宏观审慎评估，并以此作为开展再贷款、再贴现业务及其他金融业务的重要参考条件。新区政府则对金融机构入驻、业务创新、人才引入、信贷投放等方面进行资金奖励。 （3）绿色创新发展综合体、绿色市政专项债、畜禽"洁养贷"、绿色票据、绿色园区债、绿色保险 6 项为全国"首单首创"，绿色市政专项债、畜禽"洁养贷"列入了国家生态文明试验区经验做法的推广清单。 （4）江西在推广环境污染责任险、家庭装修有害气体治理险、建筑工程绿色综合险等新产品方面大力创新，推出"保险+期货"新模式和柑橘"气象+价格"综合收益保险。联合清华大学环境学院研发推广环境云服务平台，为试点企业提供"环境污染责任保险+环境风险排查服务"。
广东	广州花都区	（1）广州地区银行机构创新开展"绿色租融保""绿色 e 销通"以及环境权益抵押贷款等绿色金融业务。在绿色保险方面，广州市积极推广环境污染责任保险、安全生产责任保险等传统绿色保险产品，创新试点"绿色产品食安心责任保险""绿色农保+""绿色农产品质量安心追溯保险""蔬菜降雨气象指数保险""工程质量潜在缺陷险"以及全国"药品置换责任保险"等新型绿色保险产品。

所属地	试验区	创新成果
广东	广州花都区	（2）广州碳排放权交易中心陆续推出碳排放权抵押融资、配额回购、配额托管、远期交易等创新型碳金融业务，各项市场指标均居全国前列；参与全国《环境权益融资工具标准》《碳金融产品标准》等标准的研究制定，编制中国碳市场 100 指数。 （3）在绿色基础设施建设方面，率先开发建设绿色融资对接平台，提供集项目申报、评估认证、融资对接、政策奖补于一体的全方位金融服务，是国内首个基于中小微企业信用信息库所建成的绿色金融平台。 （4）在绿色金融标准体系建设方面，国内首创碳排放权抵质押融资标准、林业碳汇生态补偿标准、绿色供应链金融标准。 （5）截至 2021 年 6 月末，广州市绿色贷款余额超 4600 亿元，累计发行绿色债券近 500 亿元，广州碳交所配额现货交易量累计成交突破 1.89 亿吨，位居全国首位。
贵州	贵安新区	（1）贵州省政府主导全省绿色金融改革创新顶层设计，制定了《贵安新区建设绿色金融改革创新试验区任务清单》并印发了《贵安新区支持绿色金融发展政策措施》和《贵安新区绿色金融改革创新试验区建设实施方案》，完善了试验区在绿色业务开展、绿色金融人才培养、绿色机构落户等方面的制度建设。 （2）2019 年 6 月，贵州省地方金融监管局与贵安新区管委会联合发布《贵州省绿色金融项目标准及评估办法（试行）》，聚焦绿色能源、清洁交通、生物多样性保护等七大绿色产业推进绿色项目和绿色产业认证工作。由此，贵州初步构建了绿色项目认证标准和绿色产业认证标准的"双认证"体系。 （3）为推动绿色金融认证标准和服务信息化、科技化，贵州搭建了"绿色金融+大数据"绿色金融综合服务平台，实现了"绿色项目认证""绿色金融产品服务""财政支持激励政策""企业环境信息披露"的"四位一体"动态管理。

续表

所属地	试验区	创新成果
甘肃	兰州新区	(1)于2021年2月正式发布《兰州新区绿色项目认证及评级办法(试行)》《兰州新区绿色企业认证及评级办法(试行)》，明确了绿色企业与绿色项目认定评价标准，为促进绿色产融对接提供了制度保障。 (2)推出"光伏贷""风电贷""节能贷""陇药通""金种宝"等绿色信贷产品，支持清洁能源、循环农业、中医中药等生态产业发展。 (3)推动甘肃省金融学会碳金融与绿色发展实验室研发"丝路碳惠"碳足迹测算工具，通过对个人与团体碳足迹进行测算，引导社会公众绿色生活与低碳消费。
新疆	哈密市、昌吉州、克拉玛依市	(1)克拉玛依试验区以"银团贷款+电费收费权质押"方式支持国电投新疆公司风电项目，贷款期限12年，利率4.9%，解决了再生能源补贴款到位周期长、企业挂账多的难题，截至2020年7月末，已为12家发电和供热企业累计授信23.8亿元。 (2)昌吉试验区助推绿色农业发展，以经销商供应链融资模式、合作社、农场主、农户供应链融资模式支持新疆首禾农业，解决下游客户贷款难、银行贷款抵押资产变现难问题，实现银行、上下游客户、企业三方联动的供应链绿色金融业务。 (3)截至2020年，三地试验区实现银行业金融机构绿色专营机构全覆盖，共有绿色专营机构55家，证券、保险等7家非银行业机构设立绿色金融事业部，推动了绿色金融资源聚集。

(资料来源：笔者根据中国人民银行及各地政府官方网站公开信息整理。)

4.2.5 绿色金融配套政策：标准化工作、环境信息披露及第三方评价

1. 绿色金融标准化工作

绿色金融标准建设工作是"十三五"时期金融业标准化的重点工程，中国开始加快构建"国内统一、国际接轨"的绿色金融标准体系。2016 年，国务院办公厅提出要建立绿色产品标准体系；2017 年，央行等六部委将绿色金融标准化确定为金融业标准化的重要内容；2018 年 1 月，全国金融标准化技术委员会绿色金融标准工作组成立。2018 年 9 月，全国金融标准化技术委员会绿色金融标准工作组第一次全体会议在京召开，绿色金融标准制定的组织架构建立。会议审议通过了《绿色金融标准工作组章程》，表决通过了工作组组长、副组长、绿色金融标准体系的基本框架和六个工作小组，建立的六个小组研究六大类绿色金融标准。

2019 年 3 月，国家发展改革委等七部门联合出台《绿色产业指导目录（2019 年版）》及解释说明文件，这是建设绿色金融标准工作中的又一重大突破，也是关于界定绿色产业和项目的全面详细指引文件。2021 年 4 月，中国人民银行、发展改革委和证监会联合印发了《绿色债券支持项目目录（2021）》，实现了我国各类绿色债券标准的统一，且逻辑框架及主要内容与《绿色产业指导目录（2019 年版）》三级目录协同一致，实现了政策间的统筹协调。2021 年 9 月，央行发布中国首批绿色金融标准，包括《金融机构环境信息披露指南》（JR/T 0227—2021）及《环境权益融资工具》（JR/T 0228—2021）两项行业标准。

2. 环境信息披露政策

环境信息披露是绿色金融得以开展的基础和前提。一方面，企业通过披露环境信息为投资者提供了关于企业的环境表现信息，使投资者能够基于信息判断企业的绿色或污染属性，是投资者得以开展绿色投融资的基

础。另一方面，环境信息披露还有助于资本市场发行绿色股票指数、绿色债券指数等产品，也是绿色股票和绿色债券评级、第三方绿色认证的重要信息基础。因此，要求企业实行环境信息披露，不仅可以促进企业提升环境和社会责任意识，还可以为投资者提供多样性的绿色金融工具，进一步强化资本市场引导资源支持绿色发展的能力。在人民银行等七部委 2016 年 8 月发布的《关于构建绿色金融体系的指导意见》中，就将建立和完善环境信息披露制度列入了绿色金融体系建设的重要内容。

2017 年 12 月 29 日，证监会发布《公开发行证券的公司信息披露内容与格式准则第 2 号——年度报告的内容与格式》和《公开发行证券的公司信息披露内容与格式准则第 3 号——半年度报告的内容与格式》，要求重点排污单位上市公司在年报和半年报中披露排污信息、防治污染设施的建设和运行情况、建设项目环境影响评价及其他环境保护行政许可情况、突发环境事件应急预案以及环境自行监测方案等具体信息；同时，鼓励其他上市公司披露环境信息，如不披露则需说明原因。上海证券交易所也于 2018 年 3 月 20 日发文，表示将研究修订环境信息披露指引，进一步完善环境信息披露的相关制度。

除了上市公司环境信息披露外，绿色债券的信息披露工作也大步推进。2018 年 3 月 8 日，人民银行发布《中国人民银行关于加强绿色金融债券存续期监督管理有关事宜的通知》，并以附件的形式发布了《绿色金融债券存续期信息披露规范》和绿色金融债的信息披露报告模板。按照人民银行的规定，绿色金融债在存续期内，需按季度披露募集资金使用情况，包括但不限于新增绿色项目投放金额及数量、已投放项目到期金额及数量、报告期末投放项目余额及数量以及闲置资金的管理使用情况等，并对期末投放项目余额及数量进行简要分析。在年报中披露投放项目实现的环境效益，以及所涉企业和项目的污染责任事故或其他环境违法事件等。

3. 绿色金融政策中关于鼓励第三方机构参与的内容

2016 年，中国人民银行、财政部、发展改革委、原环境保护部、原银监会、证监会、原保监会等七部委联合发布《关于构建绿色金融体系的指导意见》，其中关于第三方机构的内容涉及"研究探索绿色债券第三方评估和评级标准""培育第三方专业机构为上市公司和发债企业提供环境信息披露服务的能力"以及"鼓励第三方专业机构参与采集、研究和发布企业环境信息与分析报告"。在以上指导意见中首次出现了鼓励第三方信息服务的相关内容(郭沛源，2016)，这意味着可以通过专业的第三方评价机构将普通投资者难以搜集和量化的环境信息加以统一处理和分析，通过定量方式进行评级和评分，转换为投资者简单易懂的信息数据，从而极大提升绿色信息的披露效率。

2018 年，中国人民银行与证监会联合发布《绿色债券评估认证行为指引(暂行)》，对第三方评估认证机构资质、业务承接、评估认证内容、评估认证意见等方面进行了规范：要求第三方评估认证机构应具备一定资质条件，明确对绿色债券评估认证机构实施自律管理等，通过第三方绿色评估认证机构来督促发债企业的信息披露。2021 年 3 月，银行间市场交易商协会出台《关于明确碳中和债相关机制的通知》，建议发行人聘请第三方专业机构出具评估认证报告，按照"可计算、可核查、可检验"的原则，对绿色项目能源节约量(以标准煤计)、碳减排等预期环境效益进行专业定量测算，提升碳中和债的公信度。

通过鼓励第三方机构的加入，能有效规范绿色金融市场，更好地提升绿色金融市场的公信力，吸引绿色投资者，从而促进绿色金融程度深化，进一步推进绿色发展。

4.3 中国绿色金融的发展现状

4.3.1 市场规模逐渐扩大

第一，绿色信贷情况。

自 2007 年原国家环境保护总局、中国人民银行和原银监会联合下发

《关于落实环保政策法规防范信贷风险的意见》后，绿色信贷步入起步发展阶段。但直至 2012 年原银监会颁布《绿色信贷指引》，中国金融机构才有了发展绿色信贷的纲领性文件。图 4.1 显示 2013 年以来中国主要银行机构的绿色信贷规模呈逐年递增的态势：2013 年绿色信贷余额为 51983.1 亿元，2019 年绿色信贷规模相比 2013 年翻了一倍，达到 106000 亿元。

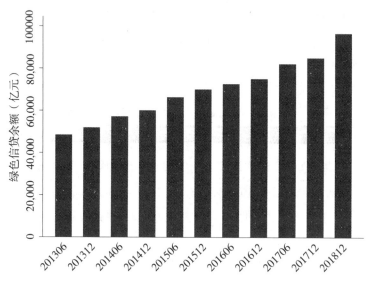

图 4.1　2013—2019 年主要金融机构绿色信贷情况

（数据来源：国泰安绿色金融数据库）

从图 4.2 显示的绿色信贷的支持项目及贷款余额来看，银行业的绿色信贷资金主要用于支持战略性新兴产业、节能环保项目、绿色交通运输以及工业节能节水环保项目，2013—2018 年战略性新兴产业和节能环保项目的绿色信贷支持总额超过了 500 亿元人民币，而绿色交通运输和工业节能节水项目的年均绿色信贷资金也超过了 250 亿元人民币。其中排名第一位的是战略性新兴产业，该产业中的绿色信贷年均余额接近 1500 亿元人民币，这意味着绿色信贷政策与国家的产业政策是紧密结合的，除了对环保项目进行支持之外，绿色信贷政策还希望能进一步促进产业的转型升级，提升企业创新能力，进而通过企业全要素生产率的提升促进经济增长。因此，绿色信贷实际承担的功能是期望达到经济与环境的双赢。

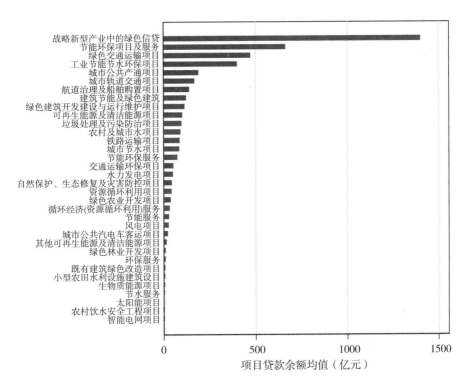

图 4.2　2013—2018 年主要银行绿色信贷支持项目及贷款余额

（数据来源：Wind 金融数据库）

　　除以上项目之外，绿色信贷重点关注的项目还包括交通方面的绿色改造和绿色建筑项目，尤其是交通运输方面，除了对城市公交和轨道项目的信贷投放外，还涉及航运和铁道运输的环保。由此可见，绿色信贷同时也支持公共环境的改善和基础设施的绿色化。这意味着从实质上看，绿色信贷的投放承担了部分正外部性功能，对于资本没有进入动力的项目如基础设施相关的改造项目等，由绿色信贷资金率先进入，进而引导社会资金跟进。

第二，绿色债券情况。

中国绿色债券起步虽晚，但发展迅速。结合图 4.3 可以发现，自 2016 年 1 月浦发银行与兴业银行发行全国首支绿色债券以来，绿色债券发行近五年发展迅猛，已跃居为全球绿色债券市场的领跑者。2016 年，全国共发行 80 只绿色债券(包括绿色债券与绿色资产支持债券)，发行额 2071. 31 亿元；2019 年为发行量最多的一年，共发行 340 只绿色债券，发行额 2956. 42 亿元，贴标绿色债券发行位列全球第一。2020 年，绿色债券的发行量虽较 2019 年有所下降，但也发行了 278 只。

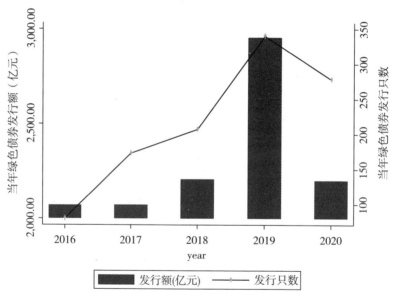

图 4.3　2016—2020 年绿色债券发行情况

(数据来源：Wind 金融数据库)

实际上，这也与国家相关政策理念相匹配。绿色债券的最大风险在于债券的违约，而 2016 年正是中央经济工作会议提出五大任务的第一年，即要求推进供给侧结构性改革，重点做到"去产能、去库存、去杠杆、降成本和补短板"。因此，绿色债券的发行与去产能、去库存相联系，承担着将资金从产能过剩的行业流出，转入清洁环保产业的功能。更进一步地，对绿色债券可能产生的违约也要在"去杠杆"防范系统性金融风险的框架下进行监督和防控，因此 2016—2018 的绿色债券发行逐年提升，随着去杠杆的深入，债券违约风险的进一步下降，在 2019 年绿色债券的发行量出现较大幅度的增加。2020 年虽然有所回落，但从结构上看更为合理，绿色金融债的发行量降低，而绿色企业债和公司债的发行量增加。

4.3.2　环境效益不断提高

　　绿色金融通过为推动新旧动能转换、污染防治、节能减排等项目提供综合性金融服务，社会和环境效益渐显，绿色金融带来的环境效益已初步显现。Wind 数据统计信息显示，绿色信贷的节能量和减排量均较为显著。图 4.4 表明，自 2012 年央行发布《绿色信贷指引》以来，绿色信贷对二氧化硫和化学需氧量的减排效果十分明显，二氧化硫减排量超过 400 万吨，

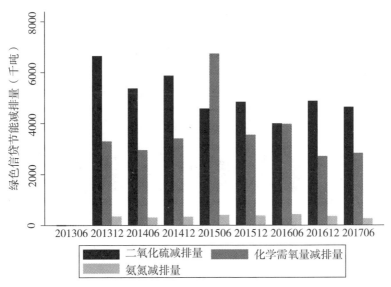

图 4.4　绿色信贷减排量 1

（数据来源：Wind 金融数据库）

化学需氧量的减排量超过 200 万吨。与此同时,图 4.5 显示出绿色信贷对于节能减排的贡献度逐步提高,绿色信贷对节能减排中节水量的贡献最大,从 2014 年开始年节水量均超过 60000 万吨,其次是节约标准煤减排量在年均 20000 万吨左右。当然,在社会效益不断提升的基础上也要注意到,2013—2017 年的各年度减排量并没有明显变化,意即减排效果并没有随绿色信贷政策的实施而显著增加和强化。这就为绿色信贷政策如何进一步完善提出了要求,下一步绿色信贷政策如何在已有的社会环境效益上进一步推进和优化,促进减排量的持续上升,是值得我们思索和探讨的问题。因而有必要在了解绿色金融政策所取得成就的基础上,进一步对绿色金融当前存在的瓶颈和未来发展面临的挑战进行梳理。

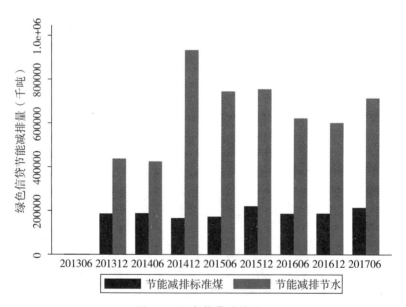

图 4.5　绿色信贷减排量 2

（数据来源：Wind 金融数据库）

4.4　进一步发展面临的挑战

4.4.1　从定量角度分析

第一，总量规模仍然有限。

虽然绿色信贷额度与绿色债券的发行规模在迅速增长，但整体而言在经济中所占的比重还不大。绿色信贷占全年总贷款的比重仅为 6%～8%（见图 4.6），绿色债券占全部债券的发行量比重也仅为 4%～6%（见图 4.7），且 2020 年甚至下降到 4% 以下。下一步如何继续优化绿色信贷的投入和促进绿色债券的发行是需要继续深入探讨的议题。

第二，结构尚有改进空间。

从绿色资金的投向结构来看，绿色债券中对节能环保项目的支持规模呈逐年上升的趋势，而对战略性新兴产业的信贷支持相比节能环保项目而言，总量规模较少，且逐年比重持平，并没有上升。绿色信贷的一个重要政策性功能应当是支持传统产业的绿色转型和新兴产业的绿色发展，因此

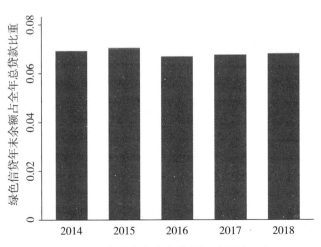

图 4.6　绿色信贷占全年信贷额总量的比重

（数据来源：Wind 金融数据库）

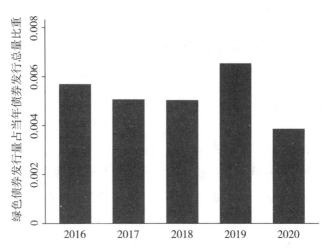

图 4.7　绿色债券发行量占全年债券发行总量的比重

（数据来源：Wind 金融数据库）

对战略性新兴产业的信贷支持力度尚有继续推进的空间。这恰与前文分析的绿色信贷投放项目呈现截然相反的对比，绿色信贷的投放项目以战略性新兴产业为主，而绿色债券的支持中战略性新兴产业获得的资金并不多。原因可能是一方面绿色信贷已满足战略性新兴产业的融资需要，使其没有意愿再去发行绿色债券；另一方面则可能是战略性新兴产业本身的发债意愿不足。

　　从发行主体的结构上看，绿色债券的结构分布尚不合理，绿色企业债和公司债所占比重仍不及绿色金融债（见图 4.8）。以 2018 年为例，2018年第一季度仅农业发展银行一家机构发行规模就达到 4983.1 亿元，占同期全国发行量的 89.0%。如果扣除政策性银行发行的绿色债券，第一季度绿色债券发行规模 230.94 亿元，同口径下发行量环比下降 60.30%。而企业债和公司债是直接向资金使用方提供的直接融资，社会融资规模的扩大主要应当依靠企业和公司直接发行的债券。但当前存在一些企业已经达到了绿色债券的发行标准，却并不去申请发行绿色债券，反而以普通债券方式进行发行。例如在绿色债券发行的相关政策出台后的三年时间里，绿色建筑行业中仅有五家绿色建筑企业发行绿色债券①。

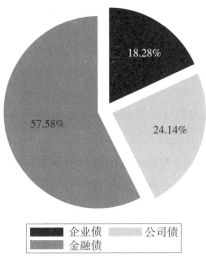

图 4.8 绿色债券发行结构

（数据来源：Wind 金融数据库）

  总而言之，绿色信贷存在总量不足和投放结构尚不合理的问题，绿色债券方面，同样存在总量不足和战略性新兴产业领域发行不足的问题，绿色企业债和公司债的整体发行规模也不及金融债券。这些现象背后的原因是什么呢？当前尚未有学术文献对此进行分析，但整理主流媒体的相关观点认为，首先是绿色的认证标准不明确，阻碍了投资者对绿色企业的识别，进而阻挡了绿色投融资的资金流入；其次是投资预期与回报期限不匹配，如绿色债券的发行期限较短，但环保项目的投资要求期限较长，需求与供给在时间上的不匹配削弱了绿色债券的吸引力；最后是成本优势不明显，投资预期与回报收益的期限不匹配，对投资者的吸引力有限，从而并不能有效降低企业融资成本，因此相比传统融资方式并不能凸显成本

---

① 资料来源于 2019 年新华网的报道《绿建企业为何发绿色债券少》http：//www.xinhuanet.com/globe/2019-07-24/c_138247668.htm。

优势。

　　在此背景下，如何进一步鼓励和支持绿色金融的体系建设，推进绿色金融体系发展，进而促进经济绿色发展，是值得探讨的问题。本书在第 5 章至第 7 章将通过实证方式对此进行深入的分析。

4.4.2　从定性角度分析

　　现有文献一般认为当前绿色金融以基于交易的金融方式为主。基于交易的绿色融资是指用于资助环境活动并经有关市场投资者独立决定后贴"绿色标签"的金融资产。发达国家的资本市场多年来对市场投资者发行或购买"绿标证券"予以激励，在这一领域已发展较为成熟。具体而言，市场从三方面提供激励支持：企业获得的声誉收益、企业社会责任收益和发掘市场潜力。关于声誉收益和社会责任收益的实证文献认为，当市场认可企业从事可持续活动如 ESG 评级较高时，企业在财务绩效等方面能获得切实的回报，例如提升客户的忠诚度或获得市场溢价等（Anselmsson et al., 2014）。同时，这种收益也促进了企业采用可持续的标准提升企业声誉和企业社会责任（Migliorelli, 2018）。从发掘市场潜力而言，绿色金融的发展领域已成为一个增量市场或全新的利润来源。绿色基金行业可以向客户提供绿色贴标的解决方案，证券交易所可以推出绿色上市期权和相关服务，第三方绿色认证机构可以进行绿色认证等，这些都是新的绿色业务增长来源。

　　但是这种基于交易的绿色金融发展模式存在着发展瓶颈。第一，环境风险有长期性属性，投资者难以全面了解并做出准确决策，例如气候变化的过程是长期的，而且气候变化带来的负外部性并不能完全内部化。因此，期望投资者完全理解产品中的环境风险并进行准确决策是不现实的。第二，潜在发行人的参与成本过高，限制了绿色金融的发展。以发行绿色债券为例，整个过程涉及筛选、贴标、信息披露和运营控制等各种活动，无疑增加了发行人的行政成本，构成了一定的财务负担，如果发行人实力不强、规模较小，就难以负担高额的交易成本。第三，从需求端考虑，绿色金融的投资领域是较受局限的，仅限于环保行业、新能源行业等，这也在一定程度上降低了投资的吸引力。

4.5 未来发展方向

前文对绿色金融发展的约束和局限进行了分析，据此可以认为，绿色金融的下一步发展方向应当是走向全面深化模式。全面深化模式意味着绿色金融的全部资金和流动性用于支持环境可持续发展的经济，也就是支持绿色经济。将绿色金融与经济绿色发展联系起来，不仅是交易层面的绿色，而且是全方位深层次的绿色。因此，绿色金融的发展关键在于将环境资源的隐性收益和污染的隐性成本显性化，重构资金要素的价格形成机制，通过政策规制和市场信号降低资源密集型产业的经济价值，改变企业和投资者等行为主体的参与偏好。这就要解决以下三个方面的问题：

第一，在投资者决策过程中全面纳入环境风险。在市场投资者的决策过程中缺乏环境风险考虑的主要表现在于缺失风险信息评估。金融部门未能对环境风险进行正确的价格评估，长期而言可能威胁金融体系的稳定。例如，温室气体排放引发气候变化，导致极端天气事件的发生概率大幅增加，但当前缺乏与之相关的准确评估数据。银行业和保险机构在这种情况下可能面临更大的不确定性，可能会带来严重损失。因此，需要有第三方机构提供长期信息服务，如公布企业排放温室气体的排名和排放量等，以连续披露的方式提供权威可靠的环境评估信息，供金融机构和投资者决策参考。在第三方机构介入后，环境责任意识强的公司交易成本会降低，而高污染企业的交易成本会增加，从而更好地推进绿色金融开展，进一步提升经济绿色发展水平。

第二，对供给端和需求端进行疏导。对于具有绿色投资偏好的投资者而言，其面临的阻碍可能在于如何筛选、分析和选择合适的绿色标的。对期望发行绿色证券的发行人而言，其面临的主要阻碍可能在于发行成本如何降低的问题。这就需要政府对绿色金融和绿色产业的标准进行清晰具体的定义，要求绿色金融产品做好环境信息披露，引导和推进第三方认证，为绿色债券、绿色基金等上市发行提供专项支持，降低认证费用等。

第三，在政府意愿与市场意愿中寻找均衡点。环境领域的投入与产出存在长周期特点，而且可能存在一定的无效性，以市场为基础的配置或不足以产生用于环境投资的充足资源，进而出现"环境市场失灵"。因此，需要政府一定程度上的经济干预，引导市场需求转向绿色投资，例如通过绿色信贷政策将环境经济政策融合，引导资金流入环保领域，使投资者意识到进入产能过剩行业和污染行业是无法获得预期回报的。另外，政府可能需要拿出配套的财政支持，在环保领域进行前期的基础设施投入等，以吸引更多社会资金进入该领域。与此同时，还要注意到各方市场参与者的利益考量可能出现偏差和背离，良好的政策设计可能面临无法有效落实、进展缓慢或带来扭曲的结果。绿色金融需要协调好政府意愿和市场意愿，调动行为主体的参与积极性，实现有为政府和有效市场的发展模式。

结合以上分析，本书的后续章节将在此基础上从以上角度展开，以实证方式对第三方机构在绿色金融发展过程中的作用进行分析，对绿色金融供给端的市场反应进行研究，并分析绿色信贷政策推进绿色发展的效果，通过对绿色金融的全面深化和推动绿色发展的机制进行研究，为后续具体优化措施的落实提供经验证据。

4.6　本章小结

中国在绿色金融的市场实践和政策体系方面不断进行探索实践，在取得积极进展的同时，也面临着有待解决的问题，并凸显需要调整和改进的必要性和紧迫性。总结绿色金融的实践经验和进一步发展的挑战，有助于深化发展绿色金融，推进经济与环境的协调发展。具体而言，本章的结论如下：

第一，中国绿色金融政策体系的基本框架已初步形成。绿色金融在中国的迅速发展得益于政府的支持和良好的政策环境。在萌芽阶段，相关部门已进行绿色金融的探索，但囿于配套环境不具备等因素，并没有产生显著市场效果，也未能形成完整的绿色金融体系。自起步阶段开始，重要的绿色信贷、绿色保险和绿色证券等相关政策相继出台，初步搭建了中国绿色金融政策体系基本框架。随着中国生态环境保护与绿色发展成为国家战略，从顶层设计上对绿色金融进行了大力推进。在提速阶段，首次对包括绿色金融在内的环境经济政策进行了统一规划。在深化阶段正式开启了系统性的绿色金融制度体系建设进程，多部门协同合作，为绿色金融提供了更广阔的发展空间。

第二，中国绿色金融政策和实践在资源配置和经济转型过程中起到了一定作用。随着绿色金融政策的体系逐渐完善，环保部门、金融监管部门、各级政府、金融机构等协同努力，中国绿色金融市场取得了积极成绩，获得了初步发展。绿色金融产品的市场规模不断扩大，社会经济效益较为可观：2013 年以来中国主要银行机构的绿色信贷规模呈逐年递增的态势，2013 年的绿色信贷余额为 51983.1 亿元，2019 年的绿色信贷规模相比 2013 年翻了一倍，达到 106000 亿元。2016 年全国共发行 80 只绿色债券，发行额 2071.31 亿元；2019 年共发行 340 只绿色债券，发行额 2956.42 亿元，贴标绿色债券发行位列全球第一。绿色信贷的节水量自 2014 年起超过了 60000 万吨，节约标准煤减排量在年均 20000 万吨左右。与此同时，绿色信贷对二氧化硫和化学需氧量的减排效果也十分明显，二氧化硫减排量超过 400 万吨，化学需氧量的减排量超过 200 万吨。

第三，中国绿色金融政策体系仍处于演进过程中，亟须整合升级，协同推进。通过对绿色金融政策的内容进行梳理可以发现，虽然金融部门和环保部门加强了合作，但很多政策在搭建框架的基础上尚未进一步细化，没有更深入的细节支持。如环境信息披露制度从 2003 年开始，虽然处于不断强化和细化的过程中，至今已有 18 年的发展历程，但具体的推进和落实进度并不算快。同时，绿色信贷和绿色债券对"绿色"的定义由各监管部门制定，在推进过程中存在关系不清、内涵和外延界定不清等问题，不利于绿色发展。这些局限意味着中国绿色金融政策的体系化建设还处于发展演化过程中，需要部门协作沟通，在更多领域共享信息，落实具体举措，促使政策有效推进市场效益。

第四，中国绿色金融市场和金融工具需要全面均衡发展。当前中国绿色金融仍以银行提供的绿色信贷产品为主，绿色保险、绿色基金和其他金融机构的绿色金融业务发展相对滞后。由于中国是以银行业为主导的金融体系结构，银行业在金融业中所占的规模和体量最大，对实体经济的支持和影响程度也最高，因此无论是从机构的规模、产品的种类还是业务的发展上看，绿色信贷的发展远高于其他金融服务工具。这意味着对绿色债券、绿色保险和绿色基金等金融工具的鼓励和引导还需进一步加强，以鼓励更多社会资金参与到绿色发展中来。与此同时，即便是发展相对较快的绿色信贷，其规模与银行业的总贷款规模相比所占比重也相对较低，绿色债券的规模和覆盖面更是十分有限。因此，绿色金融的发展除了要遵循金融业原有的规律外，还需要进一步和产业转型相融合，在结构和规模上都需要进行充分的探索和调整，为绿色转型和绿色发展提供更有效的支撑。

第5章 绿色债券发行对绿色发展的影响：
基于短期市场反应视角

5.1 引言

本章主要研究绿色债券的发行是否带来资本市场的短期正向反应，以此观察资本市场对企业绿色信号的短期态度。绿色债券发行的公布日可看作短期事件，可利用事件研究法观察市场短期反应。与之相应的，第6章则从长期角度对资本市场反应进行研究。此外，本章还研究了发行绿色债券对企业全要素生产率的影响，以此进行经济效果评价。

绿色债券是将募集金专项用于绿色产业项目的债券工具。作为绿色金融领域的一项主要融资工具，发行绿色债券是助力绿色发展不可或缺的环节。相比国际资本市场，中国绿色债券的发展虽起步较晚，但发展较迅速，规模与日俱增。自2015年12月国务院发展改革委《绿色债券发行指引》颁布后，绿色债券发行规模逐年增加，2020年中国发行绿色债券规模合计2193.61亿元，存量规模居全球第二，可见其发展势头正如火如荼。

党的十九届五中全会已将碳达峰和碳中和目标纳入"十四五"规划，2020年底召开的中央经济工作会议也将"做好碳达峰、碳中和工作"列为年度重点任务。在此背景下，需要引导大量资本至低碳环保产业，绿色债券所具有的为环保产业专项融资的功能会得到更大的发挥空间。那么，发行绿色债券是否会获得资本市场的认可，增强企业的绿色信誉，进而提升企业的市场价值呢？如果发行了绿色债券的企业会得到资本市场的正向反应，则这种市场价值的提升是否实至名归，即企业是否将资金投入到绿色领域，形成更高效的绿色产出呢？这些问题的研究，对于检验支持绿色债券发行的政策效果，制定更有效的绿色金融实施举措，具有一定的现实意义和研究价值。

生态环境的公共品属性决定了环保企业存在成本和收益上的不对称。一方面，环保项目普遍存在初始投资过大、回收周期较长和预期投资回报率较低等特征，较高的成本削弱了投资吸引力；另一方面，企业在环保领域的成果使环境得到改善，其收益由身处环境之中的利益相关者共同享有，但成本却由企业独自承担。这种非对称性极大制约了环保行业的融资和企业的长期发展。因此，鼓励和支持环保行业发展的关键在于引导社会资金流入环保行业，使受益者共同承担成本，这一过程需要发行绿色债券来完成，发行绿色债券是引导社会资金支持绿色发展的有力的金融工具。

由于绿色债券的正外部性特征，政府对绿色债券的发行、用途和审批均有优惠政策支持。首先，发行绿色债券的企业不受发债指标限制，在资产负债率和募集资金占项目总投资的比例限制上均有所放宽；其次，发行绿色债券的企业可将募集资金用于偿还银行贷款和补充营运资金；最后，政府设有专门的申报受理和审核绿色通道，提高了审批速度和效率。2015年，国务院发展改革委发布的《绿色债券发行指引》，首次从官方层面发布了绿色债券政策。同年，中国人民银行发布了《绿色债券支持项目目录（2015年版）》。2017年3月，证监会发布了《关于支持绿色债券发展的指导意见》。在此期间，绿色债券开始蓬勃发展，但也存在绿色债券的管理部门职能交叉、未能协调一致的问题，可能造成监管秩序混乱。为解决绿色项目标准不统一及由此产生的各种问题，2020年7月，中国人民银行会同国家发展改革委、中国证监会共同起草了《绿色债券支持项目目录（2020年版）（征求意见稿）》，进一步明确了绿色债券的定义，细化了绿色项目范畴和类型，建立了绿色项目分类标准体系。自此，绿色债券的发展进入新的阶段。

随着绿色债券发行规模的提升，学术界对绿色债券的讨论也逐渐增加。在绿色债券的定性分析方面，国外文献一致认为，绿色债券对发行人和投资者均有利：对发行人而言，其发行方式具有灵活性，对信用的提升比较有效，可用于中长期项目且融资成本较低（Curley，2014；Gianfrate and Peri，2019），并且提高了企业的环境披露水平，改善了企业的财务绩效（Flammer，2018）；对投资者而言，绿色债券有税收优惠和担保，并持续披露资金在绿色项目上的使用情况，使长期投资更稳健安全（Veys，2010；Chatzitheodorou et al.，2019）。但在绿色债券投资回报的实证分析方面，其研究结论莫衷一是。已有文献的普遍做法是将绿色债券和传统债券信用利差的差异作为绿色溢价的衡量方式，有文献认为绿色债券与传统债券的回报率并没有显著差异（Karpf and Mandel，2018），但也有文献认为绿色债券中由市政发行的长期债券表现较好，债券发行方的信誉和债券的绿色标签均显著影响了发行价格（Zerbib，2019；Broadstock and Cheng，2019）。在此基础上，Glavas(2020)通过收集 22 个国家的绿色债券和传统债券，采用事件研究法发现，二者的发行均在资本市场产生了正面反应；再利用 2015 年《巴黎协定》的签订作为外生冲击，利用双重差分法研究发现《巴黎协定》签订后绿色债券的市场正向反应高于普通债券。

国内关于绿色债券的研究一般也采用事件研究法或双重差分法。陈淡泞(2018)和梁志慧(2018)利用 2016—2017 年的中国环保企业发行绿色债券数据进行事件研究，认为 A 股市场对发行绿色债券事件有短期的正向反应。马亚明等(2020)先用事件研究法得出发行绿色债券对企业股票收益率存在短期正向效应，再进一步用双重差分法研究，认为发行绿色债券可以增强个股投资者情绪并降低融资成本，进而提升市场价值。但不同于以上研究结论，朱俊明等(2020)以事件研究法和横截面回归法对 2016—2019 年中国发行绿色债券数据进行分析，发现绿色债券和传统债券的发行对企业股票收益率均未产生显著影响。总体而言，囿于绿色债券在国内兴起的时间还较短，对该领域的研究文献尚不多见，且实证分析也并未得到一致结论。在此基础上，本章以 2016—2020 年发行绿色债券的数据进行研究，综合使用事件研究、多元回归和双重差分法，以期得到更稳健的实证结果。

　　具体而言，本章首先利用事件研究法验证发行绿色债券是否在短期引发了资本市场正向反应，即发行绿色债券的信息公布后，发行绿色债券的公司是否在极短的窗口期内获得了更高的超额收益率；其次，通过多元回归将绿色债券和传统债券的短期超额收益率进行比较；最后，利用双重差分法进行长期分析，探讨资本市场反应背后的作用机制和发行绿色债券的长期影响。本章主要在既有文献的基础上从以下三个方面做出了边际贡献：第一，本章在实证研究中加入了 2020 年发行绿色债券的数据，得出了与既有文献不同的结论。通过年度动态分析发现，随着碳中和的提出、绿色债券标准的统一和气候投融资逐渐受重视，投资者对绿色项目的预期发生了改变，这是导致既有文献实证结论不一致的主要原因，因此本章的分析有利于辨清既有文献结论不一致所引发的争议；第二，本章实证检验了发行绿色债券和普通债券对两类企业产生的不同效果，支持了信号传递理论，为评估绿色金融政策有效性提供了新的经验证据；第三，本章进一步剖析了发行绿色债券影响企业市场价值的内在机理，发现绿色债券的发行企业会投入更多研发资金，并获得更多的绿色专利产出，从而将绿色金融有效性的讨论由是否有效拓展到如何产生效果层面，进一步丰富了相关领域的研究。

　　本章接下来的部分安排如下：5.2 小节对相关理论进行梳理并提出研究假设；5.3 小节介绍研究数据、变量和模型设计；5.4 小节对实证结果进行探讨并进行稳健性检验；5.5 小节作进一步分析，研究发行绿色债券的长期经济影响；最后对本章结论进行总结并提出相关的政策启示。

5.2　理论分析与研究假设

　　信息经济学认为，资本市场的上市企业与外部投资者之间存在着天然的信息不对称，这种信息不对称会导致逆向选择问题（Spence，1974；Ross，1977）。信号传递是信息优势方向劣势方传递私有信息并解决逆向选择的主要途径，一个行为能被视为信号的前提条件有两个：首先是行为的自愿性，即信号的传递不能是强制的，必须是发送方的自愿行为；其次是成本差异性，信号的发送方由于资质不同，实施该行为的成本有所差异，资质较差的信号发送方需要付出更高成本（Ragozzino and Reuer，2011；Reuer et al.，2012）。因此，在资本市场非对称信息存在的情况下，环保行业的上市企业为了获得竞争优势，会通过一定方式向投资者传递自身在环境领域具备优势的信号。其中最常见的方式是在上市公司定期的年报和社会责任报告中对环境信息进行披露。当企业通过披露环境信息向投资者表征自己的环境责任意识和环境治理能力时，投资者就能更好地识别绿色企业并通过资金给予支持。

　　然而这种信号传递方式存在以下几点不足。第一，环保企业不同于重污染企业，并没有强制的环境信息披露义务，部分企业可能并不重视环境信息的披露，在这一环节存在缺失，以此对企业的市场价值进行判断可能存在偏误；第二，以年报或社会责任报告的形式进行披露，一般以年度为单位进行，时间跨度较长，对信息更新的不及时可能使投资者的预期存在时滞；第三，环境表现较差的企业也可能会通过披露更多空泛的环境信息冒充环境表现好的企业，存在滥竽充数的现象。在此背景下，投资者可以将企业发行绿色债券作为一种新的绿色信号，以此识别绿色企业。发行绿色债券这一行为满足前文所述关于信号的两个属性：首先，绿色债券的发行属于企业的自愿行为；其次，债券发行后面临是否能按时偿付所筹资金的风险，发行绿色债券的企业对环境技术领域的关注度更高，所筹集资金专项支持绿色项目，资金的使用上具有更高的稳定性和确定性，在经济和法律领域面临的风险更小，加之绿色债券的发行需要经过政府部门对绿色项目的审批，这些特征使得发行绿色债券的企业传递绿色信号的成本更低。因此，绿色债券可被视为信号发送方向接收方进行信号传递的一种途径，投资者将企业发行绿色债券的行为视为判别绿色企业的依据。综合以上分析，本章提出假设 1：

　　假设 1：短期来看，上市企业发行绿色债券会提升其股票收益率。

外源融资是企业进行研发活动的主要资金来源（解维敏和方红星，2011），发行绿色债券的企业在缓解了融资约束后，有更多的资金用于绿色技术投入和绿色项目的开发。以节能环保、清洁生产和清洁能源等为代表的绿色项目，具有科技含量高和能源消耗低的属性特点，对绿色技术存在较高需求（邱兆祥和刘永元，2020），因此发行绿色债券的企业应当会更注重绿色技术的研发投入。进一步地，研发投入的增加会带来绿色创新产出的增长（杜金岷 等，2017）。从另一方面看，市场通过交易方式引导资源流入绿色创新能力强的企业，能更好地激励企业自主开展绿色创新（齐绍洲 等，2018），提升企业效率水平。资本市场通过提升发行绿色债券的上市企业股票收益率，能提振企业信心，使企业更高效利用资源，促进全要素生产率的增长。由此本章提出假设 2：

假设 2：长期来看，发行绿色债券的上市企业具有更高的全要素生产率水平。

5.3　研究设计、变量与数据

5.3.1　研究方法

1. 事件研究法

本章首先利用事件研究法，考察发行绿色债券对上市企业市场价值的影响。参照现有文献的做法，将累积超额收益率（CAR）作为企业市场价值的代理变量，将企业发行债券的首个交易日作为事件日。对事件窗口期的选取，现有文献并无一致定论，但一般包含事件发生前几日和后几日（邹文理 等，2020）。这是因为在事件发生之前，市场已经对企业发行债券形成了一定预期，可能有超前反应；而事件发生不止在当日产生影响，对股价的反应可能存在一定滞后效应。但窗口期的选取不能过长，过长则可能出现多个事件叠加，不能准确识别所研究事件的市场反应。因此，本章选择(-1，$+1$)窗口期，即事件发生前一个交易日至事件发生后一个交易日，共 3 个交易日。并用(-2，$+2$)的窗口期进行稳健性检验。同时，采用一般文献的通用做法，选取事件日前的 200 日，即(-240，-41)作为估计期。

现有文献一般采用市场模型进行事件研究法的估计。但市场模型的缺陷在于设定市场风险是股票风险的唯一来源，而仅以此诠释股票收益率是不够准确的(Banz，1981)。Fama(1992，1993)通过实证分析发现公司规模和账面价值对收益率均有影响，并将此视为一种风险补偿，在此基础上提出了三因素模型。沿着这一思路，Fama 和 French 在 2013 年继续对此进行改进，加入盈利能力因素和投资模式因素，形成了五因素模型。

本章在计算超额收益率时，为了克服统计偏差，将同时采用市场模型、Fama-French 三因素模型和 Fama-French 五因素模型分别计算超额收益率，以期获得更稳健的结果。

模型一为市场模型，具体如式(5.1)所示：

$$R_{it} = \alpha_i + \beta_i R_{mt} + e_{it} \tag{5.1}$$

其中，R_{it} 表示股票 i 在第 t 日的实际收益率，R_{mt} 表示第 t 日的市场收益率，采用股票 i 所属市场的指数回报率进行计算。股票超额收益率为：

$$AR_{it} = R_{it} - (\alpha_i + \beta_i R_{mt}) \tag{5.2}$$

模型二为三因素模型，具体如式(5.3)所示：

$$R_{it} - R_{ft} = \alpha_i + \beta_i(R_{mt} - R_{ft}) + s_i \, SMB_t + h_i \, HML_t + e_{it} \tag{5.3}$$

其中，$R_{it} - R_{ft}$ 和 $R_{mt} - R_{ft}$ 分别表示根据无风险收益调整后的个股 i 收益率和市场收益率，SMB_t 表示在 t 时期流通市值低的组合与流通市值高的组合收益率之间的差异，HML_t 表示 t 时期账面市值高的公司组合与账面市值低的公司组合收益率之间的差异。加入上述新的风险因素后，三因素模型度量的股票超额收益率为：

$$AR_{it} = (R_{it} - R_{ft}) - [\alpha_i + \beta_i(R_{mt} - R_{ft}) + s_i \, SMB_t + h_i \, HML_t] \tag{5.4}$$

模型三为五因素模型，具体如式(5.5)所示：

$$R_{it} - R_{ft} = \alpha_i + \beta_i(R_{mt} - R_{ft}) + s_i\,\text{SMB}_t + h_i\,\text{HML}_t + \omega_i\,\text{RMW}_t + c_i\,\text{CMA}_t + e_{it}$$

$$\tag{5.5}$$

五因素模型在三因素模型基础上继续增加代表公司盈利和投资的因素。其中，RMW_t 表示 t 时期盈利能力强的公司组合与盈利能力差的公司组合收益率之间的差异，CMA_t 表示 t 时期投资水平低的公司组合与投资水平高的公司组合收益率之间的差异。在加入了上述新的风险因素后，五因素模型衡量的股票超额收益率为：

$$\begin{aligned}
\text{AR}_{it} = (R_{it} - R_{ft}) - \big[&\alpha_i + \beta_i(R_{mt} - R_{ft}) + s_i\,\text{SMB}_t + h_i\,\text{HML}_t \\
&+ \omega_i\,\text{RMW}_t + c_i\,\text{CMA}_t\big]
\end{aligned}$$

$$\tag{5.6}$$

最后，根据公式 $\text{CAR}(t_1,\ t_2) = \sum\limits_{t_1}^{t_2} \text{AR}_{it}$ 将窗口期的超额收益率加总，得到股票 i 在 $(t_1,\ t_2)$ 事件窗口内的累积超额收益率 CAR。

2. 多元回归法

除了采用传统的事件研究法观察 AR 与 CAR 的值是否显著异于 0，以衡量事件在资本市场的影响外，本章还参照龙小宁等（2016）年所使用的多元回归法进行研究。通过比较事件发生后不同类别的企业超额收益率之间是否存在差异，即处理组是否显著异于对照组，以此方式进一步精确衡量发行绿色债券对企业累积超额收益率的影响。同时，将其他可能影响到超额收益率的因素纳入回归模型中，确保结果的准确性。

具体而言，本章将 2016—2020 年期间发行绿色债券的上市企业作为处理组，将同期发行普通债券的上市企业作为对照组，以上市企业在事件窗口期的累积超额收益率 CAR(-1，+1) 作为被解释变量，以区分处理组和对照组的虚拟变量 Green_i 作为核心解释变量进行多元回归，同时控制了其他可能影响股票超额收益率的因素。模型如式（5.7）所示：

$$\text{CAR}_{ikj} = \alpha + \beta\,\text{Green}_{ikj} + \gamma X_{ikj} + \text{List}_{ikj} + \text{industry}_k + \text{city}_j + \varepsilon_{ikj} \tag{5.7}$$

其中，控制的影响因素 X_{ikj} 包括企业规模、前十大股东控股比例、TobinQ、债务股权比例和企业的资产净利率等企业层级变量。List_{ikj} 表示股票市场类型(上交所或深交所上市)。此外，根据企业所属行业、所处地区的差异分别控制了相关的固定效应，$industry_k$ 和 $city_j$ 分别为行业效应和地区效应。

5.3.2 变量定义和描述性统计

本章在事件分析法的基础上，通过多元回归分析进一步对发行绿色债券在资本市场的反应进行衡量。以事件分析法得到的上市企业在发行债券的事件窗口期所获得的累积超额收益率作为被解释变量，以上市企业所发行的债券是否为国家发展改委认定的绿色债券作为解释变量，进行回归分析。这样做的优势在于，为发行绿色债券的上市企业找到对照组，即发行普通债券的上市企业，以便将二者的市场反应进行对比。如果上市企业发行普通债券时累积超额收益率与发行绿色债券时的累积超额收益率存在显著差异，就进一步验证了资本市场对发行绿色债券有正向的反应。具体的变量定义和解释见表 5.1，其中，被解释变量 CAR 数据源于事件分析法的计算，上市企业发行绿色债券的信息来源于国泰安(CSMAR)数据库，上市企业发行普通公司债的信息来源于万得(Wind)数据库，企业的相关财务指标数据整理自国泰安数据库。表 5.2 对模型中所涉及的变量数据进行了描述性统计。

表 5.1   **变量定义**

变量符号	变量定义
CAR	事件窗口(−1，+1)内上市企业的股票累积超额收益率
Green	代表上市企业是否发布绿色债券的虚拟变量，在企业发行绿色债券时为 1，在企业发行普通债券时为 0
Log(totalasset)	上市企业资产规模，用企业资产总额的自然对数表示
Top10share	上市企业的前十大股东控股比例
TobinQ	托宾 Q 值，用上市企业市场价值/总资产表示
Lev	上市企业负债比率，用负债总额/资本总额表示
ROA	上市企业的资产净利率，用净利润/总资产表示

(资料来源：作者整理)

表 5. 2   相关变量的描述性统计

变量名	观测值	均值	标准差	最小值	最大值
CAR	1971	−0.002	0.036	−0.113	0.359
Green	1971	0.192	0.394	0	1
Log(totalasset)	1971	23.972	1.443	20.848	27.356
Top10share	1971	0.606	0.152	0.203	0.927
TobinQ	1971	1.466	0.68	0.843	4.702
Lev	1971	57.679	15.128	19.185	89.967
ROA	1971	3.807	4.194	−22.48	18.019

（资料来源：作者整理）

5.4 实证结果分析

5.4.1 事件研究法结果

本部分通过事件研究法检验在上市企业发行绿色债券前后，该公司股票的超额收益率是否发生变化，从而考察发行绿色债券是否获得资本市场的正向反应和认可。图 5.1 展示了根据市场模型测算的(−3，+3)事件窗口期内发行绿色债券的上市公司股票的日超额收益率和日累积超额收益率变化趋势。可以发现，在事件发生的前一天至事件发生的第二天，日超额收益率出现了明显的增加再回落的趋势，因此带来了累积超额收益率的上升。

以上图示通过直观的趋势变化表明了发行绿色债券这一事件对上市公司的股票收益率所产生的正向影响，接下来通过具体数据对正向反应的大小和显著性进行分析。资本市场对发行绿色债券的上市公司在

(-1,+1)和(-2，+2)的事件窗口内股票的累积超额收益率见表5.3。在(-1，+1)事件窗口内，三种模型估计的结果显示，发行绿色债券的股票累积超额收益率均在5%的置信水平上显著不为0，说明发行绿色债券为上市公司带来了5%～7%的超额收益。但同时应注意到，这种反应的时效性极短，当把窗口期扩展到(-2，+2)时，只有五因素模型分析下的超额收益率是显著不为0的，市场模型和三因素模型的结果均不显著。以上结果共同表明了资本市场对企业发行绿色债券的事件确实会出现正向反应，存在绿色提升效应，但这种反应是短促的，市场会及时消化发行绿色债券带来的利好，股票收益率在发行债券的一到两天后会回归正常水平。对以上结果的分析支持假设1的成立，说明绿色债券的发行向投资者传递了识别绿色企业的信号，投资者根据该信号对发行绿色债券的企业未来业绩表现做出更正面的预期判断，从而使这些企业的股票收益率在短期内得到提升。

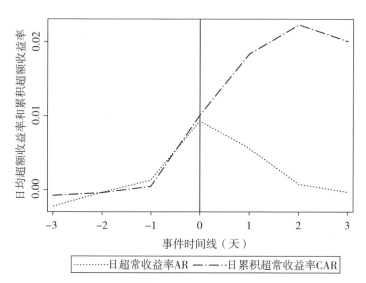

图5.1　发行绿色债券的上市公司在(-3，+3)事件窗口期
日超额收益率和累积超额收益率

表 5.3　　　　　　　上市企业发行绿色债券的市场反应

	绿色债券	绿色债券
	(−1.1)	(−2, 2)
市场模型	0.00559**	0.00469
	(0.00281)	(0.00331)
三因素模型	0.00708**	0.00516
	(0.00303)	(0.00328)
五因素模型	0.00739**	0.00563*
	(0.00310)	(0.00324)
样本量	106	106

（注：*、**、***表示在 10%、5%、1%的显著性水平）

5.4.2　稳健性检验

上一部分已通过不同的超额收益率估算模型对该事件的市场反应进行估计，结果都是一致的，可以支持结果的稳健性。但还需要考虑到，市场一般认为企业在经营状况良好时会发行债券，因此可能出现的情况是不论发行何种债券，都会引发市场的正向反应，导致超额收益率的短期上升。为了验证超额收益率的上升究竟是发行债券的绿色属性所带来的，还是单纯由于发行债券所导致的，本部分搜集了 2016—2020 年上市企业发行普通公司债券和发行可转债的数据，同样用事件研究法进行超额收益率的测算，结果见表 5.4。

表 5.4　　　　　　上市企业发行普通债和可转债的市场反应

	普通公司债	可转债
	(−1.1)	(−1, 1)
市场模型	−0.000893	−0.0134***
	(0.00210)	(0.00261)

	普通公司债	可转债
	(-1.1)	(-1, 1)
三因素模型	-0.00149	-0.0140***
	(0.00203)	(0.00257)
五因素模型	-0.00116	-0.0139***
	(0.00204)	(0.00257)
样本量	224	284

（注：＊、＊＊、＊＊＊表示在10%、5%、1%的显著性水平）

从表5.4的统计结果看，在(-1，+1)事件窗口期内，上市企业发行普通债券时股票收益率并未出现异常波动，而发行可转债时股票的累积超额收益率会显著下降。这主要是由于市场认为企业只有在经营状况不佳时才会发行可转债，因而对其预期下降；而发行普通债券则不会对市场预期造成任何影响，超额收益率没有显著变化。以上结果从另一个侧面验证了只有在发行绿色债券时，市场才会形成正面预期，即发行绿色债券对企业市场价值有显著的提升效应。

5.4.3 多元回归结果

本部分根据模型式(5.7)进行多元回归分析，估计发行绿色债券对企业累积超额收益率的影响大小。根据前文分析，可以预测到发行绿色债券对上市企业的累积超额收益率高于对照组企业，即模型式(5.7)中的系数 β 应当显著为正。此处采用OLS方法进行估计，控制了上市板块、行业和地区固定效应，并用稳健标准误作为显著性判断，以期获得更稳健的结果。表5.5展示了多元回归分析的结果，在未控制其他影响因素前，发行绿色债券的企业累积超额收益率比对照组企业（即发行普通债券的上市企业）的累积超额收益率高出0.85%，且估计结果在10%的水平下显著。控制了可能对超额收益率产生影响的企业层面特征变量及固定效应后，发行绿色债券的企业累积超额收益率比对照组企业高出 0.96%，且估计结果在 5%的水平下显著，系数增加且显著性提高。通过以上结果分析可以发现，当上市企业发行绿色债券后，市场对这些企业的绿色认可度提升，并预期企业在环境方面表现良好，产生了正面反应，显著提升了发行绿色债券企业的累积超额收益率。

表 5.5 多元回归分析结果

变量名	(1) CAR	(2) CAR
Green	0.00851* (0.00449)	0.00969** (0.00450)
控制变量	否	是
个体固定效应	是	是
城市固定效应	是	是
行业固定效应	是	是
常数项	−0.00395*** (0.000809)	0.153*** (0.0387)
Observations	1，971	1，971
R-squared	0.500	0.531

（注：小括号内为聚类到企业层面的稳健标准误，*、**和***分别表示显著性水平为 10%、5%和 1%）

5.5 进一步分析

5.5.1 时间动态分析

已有文献对上市公司发行绿色债券的市场反应估算结果并不一致，朱俊明等(2020)认为上市公司发行绿色债券事件对该公司股票收益率并未产生显著影响。为探究已有文献与本章结论上的差异，本部分对此进行进一步分析。首先，考虑到绿色债券的发行是逐年递增的，因此已有文献所使用的样本量受时间限制，与本章使用的样本量存在一定差异。其次，投资者对绿色债券的认可和基于责任投资的意识是逐渐增强的，在理解和接受上可能存在一定时滞。以上因素可能共同导致已有文献与本章在事件分析法的结论上存在差异。

为验证以上分析的正确性，本章对2016—2020年发行绿色债券的市场反应按年度分组，其结果见表5.6。可以明显看到，在2016—2019年之间发行的绿色债券并未引起股票收益率显著变化，但2020年发行绿色债券对股票收益率产生了显著的正向反应。由此可见，以2020年之前发行绿色债券的上市公司样本进行分析所得的结论确实会与本章结论存在差异，其主要原因在于未将2020年的样本纳入分析范畴。

表 5.6 发行绿色债券对股票市场的动态反应

	市场模型	三因素模型	五因素模型
	(−1.1)	(−1.1)	(−1.1)
2016 年	0.00551	0.01310	0.00840
	(0.00993)	(0.0127)	(0.0103)
2017 年	0.00676	0.00676	0.00676
	(0.00504)	(0.00504)	(0.00504)
2018 年	0.01010	0.00676	0.01010
	(0.00620)	(0.00504)	(0.00620)
2019 年	−0.00348	0.00676	−0.00348
	(0.00317)	(0.00504)	(0.00317)
2020 年	0.0217**	0.0217**	0.0217**
	(0.00978)	(0.00978)	(0.00978)

（注：*、**和***分别表示显著性水平为10%、5%和1%）

从上表中 2016—2019 年的结果可以发现，虽然显著性没有明显变化，但 2019 年企业发行绿色债券的市场反应尤为负面。经过仔细梳理当时情况后本章认为，这可能与 2018 年多家环保上市公司债券违约相关①。2017—2018 年国家强调以去杠杆化解债务风险、PPP 项目融资的监管力度加大等因素导致环保行业融资难度增加，环保企业的资产负债率上升。因此，当时的市场环境导致了市场对企业发行绿色债券的反应并不积极。

综合各年度动态分析的结果，可以看出中国资本市场的投资者对绿色债券的认可和接受在 2020 年之前和之后发生了显著转变，从 2020 年开始，环保行业的表现向投资者证明了其投资价值，投资者认为企业发行绿色债券是传递环境责任意识的一种信号，可以帮助识别环境责任意识强的企业，而环境责任意识强的企业能更好地规避环境风险，获取稳健的收益回报。因此，2020 年发行绿色债券的上市公司股票收益率显著增加，是投资者对发行绿色债券企业的市场认可程度提升的体现。

5.5.2　经济结果分析

前文通过事件分析法和多元回归分析共同验证了发行绿色债券提升了市场对发债企业股票收益率的预期。然而，相比以上分析所提出的短期效应，发行绿色债券的上市企业相比发行普通债券的上市企业，对经济会产生何种长期影响呢？对这一问题的分析可以更好地解释为什么市场会对上市企业发行绿色债券的消息产生正面预期，以及这种预期从长期来看是否是准确的。由于缺乏相关的上市企业污染数据，本章不能测算上市企业的绿色全要素生产率水平，因此只能利用 OP 和 LP 方法计算发行绿色债券和

---

① 东方园林(股票代码：002310)是中国第一家园林上市企业，其主营业务为水环境治理、工业危废处置、全域旅游等。2018 年 1 月，东方园林获证监会批准，拟发行 10 亿元债券，但实际仅募集 5000 万元。与这一事件相伴随的是 2018 年 5 月，神雾环保、盛运环保、凯迪生态等多家环保上市公司债券违约。随着国资委发布 192 号文《关于加强中央企业 PPP 业务风险管控的通知》，在 2017—2018 年以去杠杆和防范债务风险为主的宏观背景下，资本市场对以 PPP 为业务主要构成的环保企业的发债持谨慎态度。

发行普通债券上市公司的全要素生产率，将之作为被解释变量。本章主要观察 2012—2019 年发行绿色债券与普通债券的公司在全要素生产率这一经济结果上会有何种差异出现。需要注意的是，核心解释变量可能存在内生性问题，例如企业的全要素生产率水平越高，越倾向于通过长期投资进行技术创新研发，实施环保节能等绿色技术含量高的项目，使得这些企业更有实力和意愿发行绿色债券，从而带来解释变量与被解释变量之间的反向因果关系。因此，本章通过构建工具变量法解决这一问题。

参照 Chen et al.（2018）以及陈诗一和陈登科（2018）的方法，本章采用政府环境治理变量 GER 作为企业是否发行绿色债券的工具变量。该指数的构造方法具体包括以下步骤：第一步，搜集全国 31 个省份的 2012—2019 年政府工作报告；第二步，对文本进行分词处理，最后找出与环境相关的词汇及其出现的频次，计算这些词汇占政府词频总数的比重。陈诗一和陈登科（2018）所选用的与环境相关词汇具体包括：环境保护、环保、污染、能耗、减排、排污、生态、绿色、低碳、空气、化学需氧量、二氧化硫、二氧化碳、PM10 以及 PM2.5。政府工作报告中关于环境的相关词汇出现比重越高，说明当地政府对绿色发展和环境保护越重视，越有可能引导当地企业发行绿色债券，给予更便捷和优惠的发行绿色债券帮扶政策。同时，政府工作报告中环境词汇数量作为省级层面的变量，影响企业层面全要素生产率水平的可能性较小，满足工具变量的外生性条件。根据两阶段最小二乘法（2SLS）估计方法设定如下模型：

$$Y_{ijkt} = \beta_0 + \beta_1\,\mathrm{Green}_{ikj} + \gamma X_{ijkt} + \lambda_j + \delta_t + \varepsilon_{ijkt} \quad (5.8)$$

$$\mathrm{Green}_{ikj} = \beta_0 + \beta_1\,\mathrm{GER}_{ikj} + \gamma X_{ijkt} + \lambda_j + \delta_t + \varepsilon_{ijkt} \quad (5.9)$$

其中，i 表示企业，j 表示城市，k 表示行业，t 表示年份，Y_{ijkt} 是模型的因变量，即通过 OP 和 LP 方法计算出的上市企业全要素生产率；Green_{ikj} 为区分处理组和对照组的虚拟变量，与模型式（5.7）一致，当上市公司为发行绿色债券的公司时该变量取值为 1，当上市公司为发行普通债券的公司时取值为 0；GER_{ikj} 为上市企业所在省份的政府环境治理指标；λ_{jt} 和 δ_{kt} 分别为行业固定效应和年度固定效应；β_1 表示上市企业发行绿色债券这一事件对发行企业的平均处理效应。X_{ijkt} 为相关控制变量，基于已有文献的分析，本章主要的控制变量包括：企业规模（Log（asset））、杠杆比率（Leverage）、资产净利率（ROA）、前十大股东持股比例（top10share）、企业的年龄（age）、企业的销售费用（Log（salesfee））及销售利润（Log（salesprofit））。各变量的含义及描述性统计结果见表 5.7。

表 5.7　　　　　　　　　经济影响分析变量描述性统计

变量符号	变量定义	样本数	平均值	标准差	最小值	最大值
lptfp	LP 方法计算企业全要素生产率	2759	8.937	1.111	5.789	12.109
optfp	OP 方法计算企业全要素生产率	2759	4.06	0.826	1.96	8.07
Green	上市企业是否发行绿色债券	2759	0.116	0.32	0	1
Log（asset）	上市企业规模：总资产自然对数	2759	23.533	1.497	19.027	28.636
Lev	上市企业负债比率：负债总额/资本总额	2759	0.561	0.184	0.025	0.953
ROA	上市企业的资产净利率：净利润/总资产	2759	0.039	0.033	-0.033	0.381
Top10share	上市企业的前十大股东控股比例	2759	60.527	16.163	17.51	98.585
Log（salefee）	上市企业销售费用取自然对数	2759	18.952	1.854	10.669	25.029
Log（saleprofit）	上市企业销售利润取自然对数	2759	20.067	1.68	13.638	25.832
Age	上市企业年龄	2759	18.994	6.103	3	69
GER	政府环境治理指标	2759	0.007	0.001	0.005	0.012

（资料来源：作者整理）

本章对模型式(5.8)和式(5.9)进行了回归分析，主要观察发行了绿色债券的企业和未发行绿色债券的企业在全要素生产率方面是否存在显著差异，结果见表5.8。根据第（1）列和第（3）列以及第（5）列和第（7）列汇报的第一阶段结果可以看出，无论采用OP方法还是LP方法计算全要素生产率，第一阶段的回归结果F值均大于10这一经验值，说明工具变量GER与内生解释变量Green是高度相关的，没有产生弱工具变量的问题。第二阶段的回归结果表明发行绿色债券在5%的显著水平下有效促进了企业全要素生产率的提高，表5.8中第（4）列和第（8）列为控制了行业固定效应和年度固定效应之后的第二阶段回归结果，可以看出在控制行业和年度固定效应后，回归结果的显著性水平提升了，系数也有所增加。说明在控制固定效应后，发行绿色债券在1%的显著水平下促进了企业全要素生产率的增加。通过变换被解释变量的不同测度方法并加入固定效应，从结果上证明了该结论的稳健性，从而支持了假设2。

表5.8 经济影响分析结果

变量名	Optfp				Lptfp			
	（1）第一阶段回归	（2）第二阶段回归	（3）第一阶段回归	（4）第二阶段回归	（5）第一阶段回归	（6）第二阶段回归	（7）第一阶段回归	（8）第二阶段回归
GER	18.49***		15.22***		18.38***		16.03***	
	(5.138)		(4.862)		(5.199)		(4.931)	
Green		2.109**		3.711***		2.050**		3.455***
		(0.875)		(1.310)		(0.831)		(1.182)
常数项	-0.696***	1.947***	-0.510***	-0.126	-0.699***	-2.345***	-0.497***	-4.245***
	(0.122)	(0.585)	(0.155)	(0.777)	(0.126)	(0.561)	(0.158)	(0.612)
控制变量	是	是	是	是	是	是	是	是
行业固定效应	否	否	是	是	否	否	是	是
年度固定效应	否	否	是	是	否	否	是	是
F值	12.502		15.64		21.97		15.11	
Observations	2,759	2,759	2,759	2,759	2,687	2,687	2,687	2,687

（注：*、**和***分别表示显著性水平为10%、5%和1%）

5.6　本章小结

绿色债券作为绿色金融市场上较为成熟的融资工具，是引导社会资金流入低碳环保等领域的重要抓手。中国金融体系长期存在对银行贷款依赖度过多和短期债务水平过高的问题，引入绿色债券这一融资工具，不仅能缓解企业在环保领域融资渠道单一的限制，还能向企业提供长期的资金，为绿色项目的顺利开展保驾护航。在此背景下，本章通过检验发行绿色债券后中国股票市场的反应来估计上市企业发行绿色债券对企业价值的影响，从而探讨绿色债券在资本市场的认可度，以及其长期的经济作用，具有一定的研究意义与价值。基于 2016—2020 年上市企业的发行绿色债券数据和企业财务数据，对相关问题研究后，本章得出以下结论：

首先，在上市企业发行绿色债券的前后 3 天时间窗口内，其获取了 5%~7% 的股票累积超额收益。在该时间窗口内，发行绿色债券的上市企业股票累积超额收益率相比发行传统债券的企业高出 0.96%，且在 5% 的水平下显著。

其次，根据年度动态分析结果发现，发行绿色债券的企业股票累积超额收益率在 2020 年显著增加，在此之前的各年度均不显著。这说明发行时的市场环境、监管当局政策的变化等因素都会对投资者的市场预期产生明显影响。

最后，除了对短期效应进行分析，本章还采用 2012—2019 年上市企业的年度数据，结合上市公司全要素生产率对长期影响进行了估计。结果表明，发行了绿色债券的企业相比未发行绿色债券的企业而言，其全要素生产率水平更高。这意味着从长期来看，发行绿色债券的企业与未发行绿色债券的企业对比，同样的投入可以有更高的产出，对资源的利用效率更高效。

本章的研究结果不仅为中国当前的绿色金融政策效用评估提供了相关的经验证据，对今后的政策制定也具有一定启示，对上市企业的发展和管理具有一定参考价值。

第一，引导并鼓励企业发行绿色债券，是拓展直接融资渠道和推进绿色发展的重要途径。本章研究结论在一定程度上证明了发行绿色债券在资本市场能承担信号传递作用，为投资者识别绿色企业提供相关参考依据。上市公司发行绿色债券能够提升其在资本市场的市场价值，表明投资者对发行绿色债券的上市公司具有更乐观的预期，有助于增强上市企业在绿色领域发展的信心。当前市场上存在部分企业已达到绿色债券发行标准，但事实上并未申请发行绿色债券的情况。只有当企业意识到发行绿色债券能获得资本市场正向反应后，才会激励更多企业积极发行绿色债券，扩大绿色债券市场规模，使金融资源更好地契合绿色转型和创新驱动的需求，拓宽直接融资渠道，实现金融服务于实体经济的目标。

第二，提升监管水平，转变监管方式。外部环境和监管的变化会影响投资者对发行绿色债券的看法，当宏观监管环境发生变化时，投资者会改变其预期。这说明政府作为监管方在制定相关政策时会间接影响到资本市场投资者的反应，在政策的制定方面需要更加审慎。具体而言，监管机构要推动完善债券市场的发展规划和法制框架，健全政策激励和约束的双重机制，对表现良好发展稳健的绿色债券主体有引导和培育政策，同时对债券违约和欺诈行为要加大查处和惩罚力度，从而增强投资者对绿色债券市场健康发展的信心，更好地引导直接融资资金的优化配置，促进传统产业的绿色转型和环保企业的绿色发展。

第三，激励企业将绿色融资渠道所获得的资源投入长期创新研发中。融资约束得到缓解后，发行绿色债券的企业全要素生产率得到了显著提升。这表明社会资本的融资引导产生了较好的经济效果，下一步需要对企业在直接融资中所获资金的使用行为进行引导和监督，确保企业将绿色债权融资和股权融资所得到的资金投入研发周期长但对经济能产生深远影响的绿色技术研发领域，更好地推进产业经济的绿色转型升级，实现经济的高质量发展。

第6章 第三方环境信息评价机构 介入对绿色发展的影响： 基于长期市场反应视角

6.1 引言

上一章对资本市场短期反应进行了研究。本章将基于对上市企业的年度市场价值变化进行观察，从长期视角探究绿色信号传递对资本市场的反应和其经济效果。开展环境信息披露是企业重要的社会责任，真实、准确且完整的企业环境信息披露有助于金融机构和投资者有效甄别绿色投融资标的物，消弭信息不对称所导致的市场失灵。然而，当前环境信息披露政策的"制度乏力"使企业环境信息披露动力不足，披露行为存在明显的选择性、应付性和自利性（唐勇军 等，2021），披露信息不完整、隐瞒信息和虚假陈述等问题层出不穷[①]。这一方面会使企业面临被监管部门处罚及投资者追偿的法律风险，影响资本市场的稳定；另一方面也会引发资本市场对企业的误判，使污染企业占用绿色投资的资金，制约绿色金融实施效果。在此背景下，中国人民银行等七部委联合发布了《关于构建绿色金融体系

[①] 公众环境研究中心（IPE）在数千家上市企业中筛选出113家有较严重环境违规的重污染行业问题企业，这些企业及其下属子公司2019年在环境领域存在行政处罚金额不少于五万元人民币，或行政处罚为查封扣押、停产等严重情节。但在年报中合规披露环境信息的企业只有16家，合规率仅14%；其余企业均存在隐瞒信息、披露信息不完整以及虚假陈述等问题。

的指导意见》，提出"培育第三方专业机构为上市公司和发债企业提供环境信息披露服务的能力"并鼓励"第三方专业机构参与采集、研究和发布企业环境信息与分析报告"。这意味着第三方机构介入绿色评估领域成为落实上市企业环境信息披露政策的重要途径。因此，科学评估第三方机构环境信息披露评价对上市企业的微观影响具有重要的现实意义。

要使上市企业能切实主动地披露环境信息，就必须让企业意识到不履行环境信息披露责任会为企业带来实际的价值损失(李百兴 等，2018)。第三方机构将搜集和量化的重污染行业上市企业的环境信息加以统一处理，转换为投资者简单易懂的信息数据，能有效降低投资者的信息搜寻、提取和整合成本(Blankespoor et al.，2020)。其评价结果的公布增强了环境信息的传递效率，缓解了投资者与被评价企业之间的信息不对称，会否引起被评价上市企业的市场价值产生变化，这是一个亟待解决的实证问题。具体地，当第三方机构向社会公布了企业环境信息披露质量评估结果后，投资者是否会改变其投资行为，从而影响被评估企业的市场价值？如有影响，这种影响是均等的，还是会在不同得分和不同性质的企业间存在异质性变化？其内在的机制和效果如何？第三方机构介入是否会改变企业的披露行为？现有文献都还没有对这些问题给出答案。实际上，关于第三方机构以何种方式在多大程度上缓解信息不对称和投资风险的实证研究还很少。复旦大学绿色金融研究中心于2014开始了关于"上市公司环境信息披露水平评价"的研究，以上市公司年报中披露的环境信息为基础，构建综合性指标体系对中国部分重污染行业 A 股上市公司的环境信息披露情况逐年评分，并在《中国企业绿色透明度报告》中公布评分结果。这为本章研究提供了很好的契机来解答以上问题。

本章以第三方机构复旦大学绿色金融研究中心公布的重污染行业上市企业环境信息披露评分为外生政策冲击，以 2009—2018 年 A 股 533 家重污染上市企业为研究样本开展准自然实验，定量分析了第三方机构的环境信息披露评价对企业市场价值的影响效果。首先，从整体上分析了第三方机构介入对重污染行业企业市场价值的平均影响，结果显示第三方机构评价显著降低了重污染行业企业的市场价值，机制分析认为重要的投资者减持被评价企业股份是被评价企业市场价值下降的直接原因，被评价企业后期股价崩盘风险和信用违约风险增加是企业市场价值下降的间接原因。其次，分析了第三方机构评价在不同企业规模和性质下产生的异质性影响，发现因大中型和国有企业的投资者以稳定型为主，其市场价值受到的负面影响更大。同时，第三方评价结果的公开会促使非国有大中型企业后续改变其披露行为，以缓解市场价值所受到的负向冲击。总体上看，第三方评价的实践效果与国家政策提倡的初衷相符。

本章的研究与以下两个方面的文献相关。第一，环境信息披露对企业市场价值的影响。基于社会责任理论的文献认为，企业主动披露的环境信息，披露的质量越高，内容越充实，说明企业越积极承担社会责任，会给资本市场的投资者正面影响，进而得到更多投资，提高公司未来市值的预期（La Porta et al.，2002；Leuz and Wysocki，2015；Martin and Moser，2016；Ghoul et al.，2017）。国内研究中部分文献结论也验证了上述观点。社会责任等信息披露将会有助于改善资本市场信息环境（王艳艳，等，2014），随着上市公司披露信息的增加，投资者的积极预期增加，企业与投资者之间的关联会增强，从而降低企业的资本成本，提升企业的收益率，促进企业市场价值上市（曾颖 等，2006；韩海文和张宏婧，2009；沈洪涛 等，2010；张淑惠 等，2011；吴红军 等，2017）。但另一方面，随着对中国上市企业环境信息披露研究的深入，不少文献发现环境绩效及环境信息披露会对企业股票价值或市场价值产生负向影响（张兆国 等，2019；吕备和李亚男，2020），或二者之间没有明显的相关关系（王仲兵和靳晓超，2013；郭晔 等，2019）。究其原因，主要在于中国上市企业缺乏环境信息披露的外在压力和内在动力，导致环境信息披露水平始终无法显性表达企业的投资价值，进而难以与企业价值呈现正向关系。就外在压力而言，中国长期缺乏严格的环境信息强制性披露规范，当前上市公司的环境信息披露仍属于自愿性披露。在披露形式和内容上，企业的自由裁量权极大（杨广青 等，2020），且由于环境违法成本过低，中国环境信息披露政策在资本市场上基本失效(方颖 等，2018)。就内在动力而言，大部分上市公司在环境披露内容中更倾向于披露空泛的定性信息，缺乏实质性的定量数据。这种普遍存在的选择性披露现象使企业的同群效应更为明显，加深了其不规范的信息披露行为(熊家财，2015；潘安娥和郭秋实，2018；朱炜等，2019)。在外在压力与内在驱动同时缺失的情况下，第三方机构的介入显然存在合理及迫切性。第三方机构评价是否以及如何产生经济效应，成为亟待讨论的问题。

第二，第三方机构评价的信息价值。第三方评价是由具备独立立场的专业组织或业界专家根据上市企业社会责任信息，在知名媒体上发布的评级或评分报告(Chen and Xie，2005)。行为经济学理论认为，投资者倾向于根据容易获取的信息来决定其行为，并尤为关注不符合自身预期的信息(Hogg，1995)。第三方机构在媒体发布的信息易于获取，一旦公布结果与投资者预期不相符，投资者可能会改变投资行为，通过增减所持股份而影响企业市场价值。已有研究也从实证上进行验证，发现第三方机构对企业的认可度越高，越能提升企业的环境责任声誉，从而对市场价值产生正面影响。以第三方机构对企业的社会责任(ESG)评级为例，现有文献发现，ESG 指数越高的企业获取资本的成本越低，越有利于提升其市场价值(Aboud and Diab，2018；Wong et al.，2020)。但总体来看，由于第三方评价在形式和内容上的非正式性，现有研究尚未对第三方评价影响企业市场价值的议题给予足够关注，这也为本章研究提供了创新的可能性。

本章在已有研究的基础上，从三个方面进行了创新。第一，本章从第三方机构介入的视角分析企业环境信息披露与市场价值的关系，拓展了环境信息披露和企业市场价值领域的相关文献。已有文献多是对企业环境信息披露质量进行量化，较少研究关注第三方评估的效用和价值。本章通过实证检验第三方机构评估结果在资本市场的影响，能够有力拓展已有文献的认知。第二，科学评估了第三方机构的环境信息披露评价的作用，为环境信息披露政策的改革和推进提供了重要参考。第三方机构介入环境信息评价的政策规划出台至今已超过六年，然而，对这一规划的实践成效及其内在作用机制却知之甚少，其效果亟待评价。本章科学地评估了第三方机构环境信息披露评价在资本市场的影响及企业的异质性效果，丰富了对以上问题的认知，为第三方机构更好地促进环境信息披露政策的落实和完善提供了重要依据。最后，发现了第三方机构评价结果对企业市场价值影响的直接和间接效应，不仅丰富了对市场价值提升机制的认知，而且能够为资本市场资源优化配置提供重要的政策启示。

6.2　制度背景与典型事实

6.2.1　环境信息披露制度与第三方评价机构

近年来，中国出台了一系列法律法规和相关政策，要求通过环境信息披露的方式促进企业提升环境治理水平。2003 年原国家环保局发布《关于企业环境信息公开的公告》，要求被列入名单的重污染企业进行环境信息披露；2008 年公布《环境信息公开办法》，要求重污染企业公开主要排放物的排放方式、排放浓度和超标情况等。2010 年原国家环境保护部公布了《上市公司环境信息披露指南(征求意见稿)》，要求火电、钢铁、水泥等16 类重污染上市公司发布年度环境报告，定期披露污染物排放状况、环境守法和环境管理方面的信息。当前环境信息披露制度体现了自愿披露与强制公开相结合的特点，明确了环境信息的公开方式，加大了对排污企业的惩罚力度，对企业环境保护行为也有相应的激励措施(杨烨和谢建国，2020)。在此背景下，企业管理层面临对环境信息披露水平的决策：是提高环境信息披露水平以获取政府和市场的资源倾斜，还是尽可能少地披露环境信息以规避监管。企业在环境信息披露行为上的差异为第三方评价机构的介入提供了可能。

企业环境信息披露从属于社会责任信息(ESG)披露，ESG 指标分别从

环境、社会责任以及公司治理角度来衡量企业发展的可持续性。针对企业
ESG 表现进行评级的第三方机构发展已较成系统，既包括国际主流的 MSCI
ESG 评价体系、汤森路透 ESG 评价体系、FTSE ESG 评价体系等，也包括
国内新兴的商道融绿 ESG 评价体系、社投盟 ESG 评价体系、华证指数 ESG
评价体系等。这些评价体系的共同点是基于上市企业披露的社会责任报
告，对企业在环境、社会、治理领域的绩效进行评级，差异仅在于三大领
域的划分和二三级指标的选取。但当前国内专注于环境信息披露评价的第
三方机构较少，对企业环境信息披露的评价主要依托学术机构开展。本章
选择复旦大学绿色金融中心发布的《中国企业绿色透明度报告》作为政策事
件，基于以下三点考量：其一，该报告聚焦于企业的环境信息披露质量评
价，而非针对社会责任表现的综合评价；其二，不同于 ESG 评级，该报告
结果以得分形式呈现，更直观且区分度更高①；其三，该报告内容在媒体
上公开，投资者可以免费查阅到相关信息，信息覆盖面和受众广泛。

6.2.2 《中国企业绿色透明度报告》的内容与特征

复旦大学绿色金融研究中心于 2014 开始了关于"上市公司环境信息披
露水平评价"的研究，以上市公司年报中披露的环境信息为基础，构建综
合性指标体系对中国部分重污染行业 A 股上市公司的环境信息披露情况逐
年评分，并在《中国企业绿色透明度报告》中公布评分结果。该研究根据原
环保部 2008 年发布的《上市公司环保核查行业分类管理名录》和证监会
2001 年发布的《上市公司行业分类指引》，确定了 15 个重污染行业的部分
沪深 A 股上市公司作为评价对象；在指标构建上，先确定经济、法律、政

---

① ESG 评级对落在同一级别的企业区分度不大。以商道融绿 ESG 评级为例，目
前商道融绿对沪深 300 以及中证 500 共 800 支标的进行了 ESG 评级。从 ESG 评级的分
布数量来看，大部分公司集中在 B-的评级（即企业 ESG 综合管理水平一般，过去三年
出现过一些影响中等或少数较严重的负面事件），没有出现获得 A 及以上评级的公司，
同时也没有获得 C-及以下评级的公司。

治和其他视角四个指标，再进一步细分成20个二级指标。

根据《中国企业绿色透明度报告（2018）》，"环境政策、方针、理念"指标得分最高，可见企业最愿意披露的是环保愿景等空泛信息。涉及定量和货币化的指标得分最低，其中得分最低的三项依次是"对合作企业的环保要求""碳排放量和减排量"和"碳减排目标"，说明得分低的企业不愿意披露具体的环境治理措施，且未对合作企业提出环保要求。因此，得分低的重污染行业上市企业环保态度不积极，环境责任意识淡薄，存在更高的环境违规风险。

6.2.3　第三方评价与市场价值的事实描述

上述评价结果经过发布会公布，被多家媒体转载报道，包括中央级和国家级媒体以及重点门户网站。基于这些新闻机构所拥有的庞大的线上和线下受众数量，研究结果得以对外部投资者进行广泛传播[①]。

通过分析被评价企业环境信息披露得分的动态变化，可以发现被评价的企业调整了环境信息披露行为。如图 6.1 所示，在报告公布初期（2014—2015 年），企业的环境信息披露得分集中在 20~30 分；在报告公布后期（2016—2017 年），被评价企业的环境信息披露得分集中在 40~50分，说明企业可能逐渐意识到第三方评价对市场价值产生的影响，从而调整了环境信息披露行为。

以上分析为我们提供了一些初步证据，说明第三方机构的介入可能影响了被评价企业的市场价值，使企业的披露行为在一定程度上出现了转变。接下来的研究将从理论和实证部分对此进行分析和验证。

---

① 机构投资者对该信息的关注可以通过两个层面得到证实：一是机构投资者获取信息的主要渠道如同花顺财经和东方财富网对该研究报告均进行了报道；二是东方金诚国际信用评价有限公司作为中国主要的信用评级机构之一，在两次研报中引用了该项研究报告的结论，为机构投资者对第三方机构的评价结果予以关注给出了直接证据。

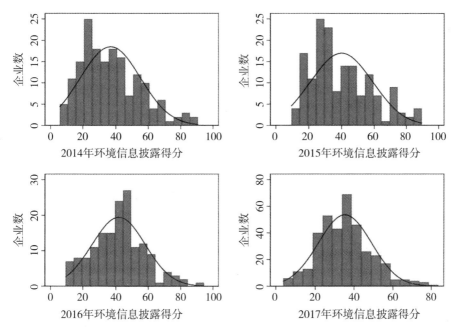

图 6.1 第三方机构 2014—2017 年评分结果分布

(数据来源：《中国企业绿色透明度报告》)

6.3 理论机制分析

在合法性理论框架下，企业存在的前提是由社会组织通过社会契约的形式赋予的。根据契约要求，企业通过采取满足社会期望的行动，获得生存和盈利的能力（Guthrie and Parker, 1989；Deegan, 2002）。一旦企业满足了社会契约的要求，则达成了企业与社会之间的一致性，这种一致性的强度决定了企业获得社会环境中资源拥有者的认可程度（Cormier and Gordon, 2001；冯天丽和井润田，2009）。企业的环境信息披露实质上是一种体现社会合法的工具，向社会传递企业的运营是满足社会期望的。随着政治和经济上强大的利益相关者对企业社会和环境绩效的期望演变，不满足这些期望的公司面临其合法性的威胁（Clarkson et al, 2011）。也就是说，在社会和环境因素方面表现不佳的公司面临着更多的社会监管压力和合法性威胁（Cho et al.，2013）。因此，环境表现差的企业也可能会披露更多的环境信息以缓解来自利益相关者们的压力。但仔细区分企业所披露的环境信息内容时可以发现，环境信息披露分为硬性披露和软性披露，前者包括治理结构和环境管理系统、环境绩效指标和环境支出；后者则主要涉及愿景和战略主张、环境概况和环境倡议（Clarkson et al.，2008）。Hummel and Schlick（2016）等研究认为环境绩效好的公司倾向于披露硬性信息，而环境绩效差的公司虽然披露的信息较多，但多数是软性信息。企业的选择性披露行为可以解释部分实证文献所指出的企业环境信息披露水平高，但污染排放量和环境绩效却表现更差的现象。这意味着，部分企业在环境方面表现较差，却选择性提高软性信息的披露水平，试图在资本市场上滥竽充数，以次充好。

再进一步地，当环境绩效好的企业披露出的硬性信息较为负面时，资本市场会如何反应呢？信号传递理论认为，如果信号接收方认为企业对负面信息的披露是积极主动的，则该负面信息的不良影响会得到缓解（Blacconiere and Patten，1994；Campbell et al.，2001；Frias-Aceituno et al.，2012）。企业主动披露污染排放量或环境处罚事件等行为可能会被市场视为主动管理风险的积极信号，有助于规避未来可能产生的各类风险，企业如实披露负面信息会降低未来股价崩盘的可能性（Zhang et al.，2021）。投资者不会仅止于关注到负面事件，更会据此判断企业的管理水平和应急能力。且企业在主动披露负面事件的同时，一般会告知投资者企业为克服负面问题而采取的措施。这种战略性沟通表示企业没有隐藏不良信息而是主动承担责任并提出解决方案，主动披露负面硬性信息的企业可能会被视为主动承担责任、应急能力强和防范风险能力提升的表现（Yang，2007；Reimsbach and Hahn，2013）。因此，企业主动披露负面信息并不一定带来投资者对企业的负面判断和市场的负面反应。

综上，本章将合法性理论与信号传递理论结合起来，可以认为，在政府环境信息披露政策已经对上市重污染行业内企业必须披露内容做出规定的前提下，企业仍然不按规定进行合规性披露，选择性披露软性信息，却缺乏对硬性信息的清楚陈述，这种情况被第三方机构发现并公之于众，将会引发投资者和市场的负面判断。不披露某些信息本身亦能作为一种信号（Campbell，2001；Deegan，2002）。结合前文对第三方评估结果的分析可以发现，上市企业的环境信息披露得分普遍较低，尤其是硬性信息的披露尤为缺失。据此，本章提出以下可被检验的第一项假设：

H1：第三方机构对企业环境信息披露的评价公布将降低被评估企业的市场价值。

第三方机构的环境信息披露评价在公布后，可能通过以下两类效应对被评估企业的市场价值产生影响：

一是直接效应，第三方评价结果的公布直接向市场传递了被评价企业披露行为不合规的信号，此时市场投资者将会减持该企业的股份，导致企业市场价值下降。一般而言，资本市场上同时存在着两类投资行为，即关注短期回报的投资型投资和关注长期回报的价值型投资。资本市场越成熟，价值型投资者比重越高，市场会越关心企业的未来增值潜力和履行社会责任的能力（张璇 等，2019）。在绿色发展理念的指导下，绿色金融政策逐步深化，资本市场投资者对绿色投资的生态价值已达成共识，对上市企业的绿色治理和绿色创新能力也越发关注（危平和舒浩，2018；方先明和那晋领，2020）。当第三方机构公布了重污染行业企业的环境信息披露质量不高，缺乏证监会等监督机构所要求披露的信息内容时，会引发投资者对企业的负面判断，从而减持股份，降低企业的市场价值。据此本章提出第二项假设：

H2：第三方机构评估结果会引发投资者减持股份，是导致企业市场价值下降的直接效应。

二是间接效应，上市企业信息披露的不规范和对负面信息的隐藏将引发后期股价暴跌的崩盘风险（Jin and Myers，2006）。现有研究已表明，信息质量差和透明度低的上市企业更有可能发生股价崩盘（Francis et al.，2004；曾颖和陆正飞，2006）。第三方机构公布了上市企业的环境信息评估结果，将重污染企业不规范不完整的披露行为在公众面前曝光，会使投资者认为其后期面临的环境风险和法律风险增加，从而带来股价崩盘风险上升。对风险水平更高的企业，投资者会要求更高的风险溢价作为补偿，从而带来企业的资本成本上升，企业更有可能陷入财务困境，后期违约风险增加（Ghosh and Olsen，2009；喻灵，2017）。因此，在第三方机构公布企业的环境信息披露评价结果后，投资者发现企业并未按监管机构的要求进行合规披露，股价崩盘风险和债务违约风险上升，会给予这些企业更低的市场估值，进一步削弱了企业未来市场价值的升值空间。据此本章提出第三项假设：

H3：第三方机构评估结果使被评价企业的不合规披露行为曝光，这些企业面临更高的股价崩盘风险和债务违约风险，是导致企业市场价值下降的间接效应。

6.4　研究设计、变量与数据

6.4.1　多期双重差分模型

本章以第三方机构复旦大学绿色金融研究中心公布的重污染行业上市企业环境信息披露评分为外生政策冲击，以 2009—2018 年 A 股 533 家重污染上市企业为研究样本开展准自然实验。样本中处理组是 2014 年评价开始后被第三方机构评价并公布得分的企业，对照组是未被评价的企业。由于该研究中心每年公布的重污染上市企业名录存在差异，故形成的是处理组在不同年份有差异的面板数据。根据数据特征，本章采用多期双重差分法进行回归。构建基准模型如下：

$$Y_{it} = \delta\, disclosure_{it} + \gamma X_{it-1} + \alpha_i + \mu_{dt} + \eta_{kt} + \varepsilon_{it} \tag{6.1}$$

其中，i，t，d，k 分别表示企业个体、年度、企业所属行业和企业所在城市。Y_{it} 为重污染行业上市企业 i 在第 t 年的市场价值，分别用 $\ln MV_{it}$ 和 $TobinQ_{it}$ 度量；$disclosure_{it}$ 为虚拟变量，不同年份被纳入评价范围的企业存在差异,当企业 i 在 t 年被纳入评价范围时该虚拟变量取 1,否则为 0,我们考察的系数 δ 即为被第三方机构评价并在媒体曝光对企业市场价值的影响;X_{it-1} 为与企业个体、年份相关的其他控制变量;α_i 为个体固定效应,控制不同企业不随时间变化的冲击对企业市场价值的影响;μ_{dt} 为行业年度固定效应,即二位数行业固定效应与年份固定效应的交乘项,控制行业层面逐年变化的冲击对企业市场价值的影响;类似地,η_{kt} 为省份年度固定效应,控制省份层面逐年变化的冲击对企业市场价值的影响;ε_{it} 为随机扰动项。

被解释变量:本章被解释变量为企业市场价值,即企业未来收益的预期值(Sandner,2011),现有文献一般从绝对量和相对量两方面度量企业市场价值。企业市场价值的绝对量包括上市公司的股票市值和债务资本的市场价值(冯仁涛 等,2013),本章中市场价值(MV)= 股权市值+净债务市值。此外,主流文献也采用相对量指标 Tobin Q 来度量企业的市场价值(Zhu et al.,2016)。TobinQ 值等于企业市场价值与其资产重置成本的比值,其中重置成本是企业重新取得其当前所拥有的资产时需要支付的现金,属于理论概念,在具体操作上采用期末总资产来代替资产重置成本,即 TobinQ=市场价值/期末总资产。

核心解释变量:disclosure$_{it}$ 表示重污染行业上市企业 i 在第 t 年是否被第三方机构评分并在媒体曝光,被评分则取值为 1,否则取值为 0。

其他控制变量:是否被第三方机构评分并不是影响企业价值的唯一因素,因此必须控制其他影响企业市场价值的因素。X_{it-1} 为代表企业特征的控制变量,包括企业规模(企业总资产)、盈利能力(资产报酬率)、财务风险(资产负债率)、企业员工人数、企业年龄、股权集中度(持股排名前十位股东持股数占总股本的比例)。

表 6.1 给出了以上变量的具体定义方法。需要指出的是,模型中其他控制变量均采用滞后一期数值,这是由于投资者对于公司信息的了解往往基于上一期发布的年报,第三方机构也是基于上一期年报中披露的环境信息给予评分;同时还可以降低同期数据带来的内生性问题(孔东民 等,2013)。

表 6.1　　　　　　　　　　　　　　　　变量定义

变量名称	变量符号	变量解释
被解释变量	ln MV	企业市场价值（market value），为上市企业股票市值取自然对数
	TobinQ	托宾 Q 比率，企业股票市值与期末总资产代表的资产重置成本的比值
核心解释变量	disclosure	企业在当年被纳入环境信息披露指数评价时取 1，否则取 0
企业控制变量	ln totalasset	企业总资产取自然对数
	lev	企业资产负债率
	ln staff	企业员工人数取自然对数
	ROA	企业资产报酬率，为净利润与总资产余额的比值
	top10share	企业持股排名前十位股东持股合计数占公司总股本的比例
	age	企业年龄

（资料来源：作者整理）

6.4.2　数据来源与变量描述

本章以 2009—2018 年 533 家上市重污染企业作为研究样本，将复旦大学《上市公司环境信息披露报告》涉及的重污染上市企业作为处理组，然后根据证监会 2012 年版《上市公司行业分类指引》找出处理组企业所属的分类编码，将沪深上市企业中与处理组企业属于同一类别但未进入处理组的重污染企业作为对照组。企业市场价值和代表企业特征的财务数据主要来源于国泰安（CSMAR）数据库。所有变量的描述性统计如表 6.2 所示。

表 6.2 各变量的描述性统计

变量名	样本总数	均值	标准差	最小值	最大值
市场价值自然对数	4258	23.00	1.116	21.14	25.85
托宾 Q	4258	2.008	1.191	0.930	6.160
disclosure	4258	0.186	0.389	0	1
总资产自然对数	4258	22.48	1.304	20.27	25.70
资产报酬率	4258	4.639	5.930	-9.152	20.56
资产负债率	4258	46.65	20.85	9.192	86.00
资产周转率	4258	0.670	0.375	0.166	1.850
员工数自然对数	4258	8.107	1.173	5.849	10.63
前十大股东占比	4258	57.89	15.28	27.59	89.09
企业年龄	4258	17.17	4.717	9	29

（资料来源：国泰安 CSMAR 数据库，作者整理）

6.5 实证结果分析

6.5.1 基准回归结果

基准回归分析使用市场价值和 TobinQ 作为因变量，对模型式(6.1)进行全样本回归分析，标准误聚类到企业。结果如表 6.3 的第(1)列和第(2)列所示，被评价的重污染行业上市企业相对未被评价的上市企业而言，市场价值降低了 9.38%，在控制了其他影响因素后，仍会导致市场价值下降 5.49%，并通过了 1% 的显著性检验。将因变量替换为 TobinQ 值之后，表 6.3 的第(3)列显示，被评价的重污染企业 TobinQ 值下降了 11.5%。表 6.3 的第(4)列是在控制其他影响因素后的估计结果，TobinQ 降低程度甚至扩大到 15.8%，且显著水平也有所提高，通过了 1% 的显著性检验。

表6.3　环境信息披露第三方评价影响企业市场价值的基准回归结果

变量名	（1） ln MV	（2） ln MV	（3） TobinQ	（4） TobinQ
disclosure	−0.0938***	−0.0549***	−0.115*	−0.158***
	（0.0363）	（0.0207）	（0.0629）	（0.0555）
ln totalasset		0.667***		−0.592***
		（0.0250）		（0.0722）
lev		0.000536		0.00452**
		（0.000685）		（0.00217）
ROA		0.0110***		0.0378***
		（0.00176）		（0.00564）
ln staff		0.0422**		−0.0440
		（0.0187）		（0.0664）
top10share		−0.00412***		−0.00635**
		（0.000960）		（0.00282）
age		0.00238		0.00456
		（0.0164）		（0.0520）
常数项	23.02***	7.792***	2.029***	15.60***
	（0.00675）	（0.577）	（0.0117）	（1.708）
个体固定效应	是	是	是	是
行业*年度固定效应	是	是	是	是
省份*年度固定效应	是	是	是	是
样本量	4,258	4,258	4,258	4,258
R-squared	0.925	0.964	0.746	0.783

（注：小括号内为聚类到企业层面的稳健标准误，*、**和***分别表示显著性水平为10%、5%和1%）

　　基准回归的负向结果说明第三方评价机构提供了有效信息，资本市场对此信息做出了反应。根据第三方评价提供的信息，市场认为被评价企业并未认真履行环境信息披露义务，未按政策规定进行披露，故减少对被评价企业的投资，重污染行业上市企业的市场价值整体显著下降。基准回归的结果支持了假设 1 的结论。

6.5.2　稳健性检验

1. 平行趋势检验

双重差分法的有效性首先取决于平行趋势假定是否满足。图 6.2 和图 6.3 分别汇报了以市场价值 MV 和 TobinQ 作为被解释变量时的平行趋势，均以事件发生前一期为基期。可以发现，在第三方评价机构公布评分结果之前，disclosure 对应的系数未显著异于 0 并且呈现较为平缓的变动趋势，而公布评分后系数出现了非常明显的下降趋势，说明事件发生前控制组和处理组基本上具有相同趋势，因此满足平行趋势检验。

在以市场价值 MV 作为被解释变量的图 6.2 中，事件发生后系数下降

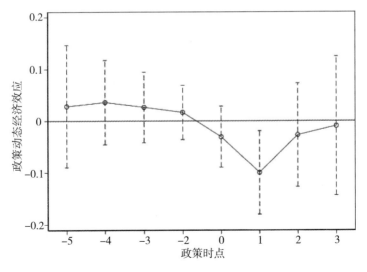

图 6.2　MV 平行趋势检验图

至-0.05 的平均水平，并且事件发生后第一期下降幅度最大，超过-0.1，后续影响趋于不显著；类似地，在以 TobinQ 作为解释变量的图 6.3 中，事件发生后系数下降至-0.1 的平均水平，最低时甚至接近-0.4，后续影响趋于不显著。上述结果可与被评价企业得分的分布（图 6.1）互相印证。根据前文分析，这可能是由被评价的企业也意识到第三方机构对环境信息披露评分会影响企业估值，后续会更有意愿提升披露水平，从而导致被评价企业的平均市场价值所受的负面冲击逐渐减弱。

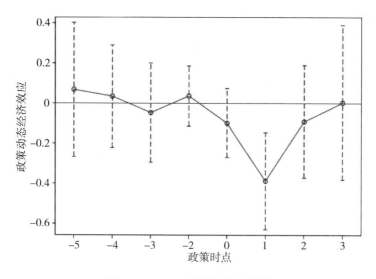

图 6.3　TobinQ 平行趋势检验图

2. 排除其他政策影响

本章选择的研究期间为 2009—2018 年。应该注意到，因为 2008 年美国次贷危机的发生，中国经济也受到了冲击，为了恢复经济，中国出台了四万亿刺激计划，使得企业债务融资成本降低，尤其是国企受益更大（王贤彬，2019），可能会影响到本章分析的企业价值。此外，2010 年原环保部公布了《上市公司环境信息披露指南（征求意见稿）》，要求重污染上市公司发布年度环境报告。为了排除这些政策带来的干扰，本章将研究期间缩小为2011—2018年，表6.4第（1）列和第（2）列汇报了排除以上政策影响后的回归结果，核心解释变量系数与基准回归结果一致。

3. 置换检验（Permutation Test）

在前面的分析中，基准回归控制了个体、行业与年份交互等固定效应和可能影响被解释变量的其他因素，且处理组和对照组也通过了平行趋势检验。尽管如此，仍然无法完全排除遗漏变量问题可能导致的偏误。因此，本章根据 La Ferrara et al.（2012）的做法进行置换检验。具体而言，首先随机选择进入处理组的企业并重复随机选择1000次，生成1000组随机样本；然后对每一份样本分别进行基准回归，得到1000个核心解释变量对应的估计系数。由于处理组是随机生成的，应该有核心解释变量的估计系数 $\delta^{false} = 0$，即在没有显著的遗漏变量偏误情况下，该系数不会显著偏离零点。反之，如果 δ^{false} 显著异于零，则意味着模型存在识别偏误。

图6.4和图6.5描绘了分别以 MV 和 TobinQ 作为被解释变量时进行1000次随机抽样的估计系数核密度图。可以发现，两张图中回归系数 δ^{false} 的均值均接近于0，竖直线表示基准回归的真实系数位于随机抽样时的系数分布之外。据此可以认为本章研究结果不存在因遗漏变量导致显著偏误的情况，实证结果是稳健的。

4. 安慰剂检验

首先，进行样本选择安慰剂检验，即选择与外生事件冲击无关的企业进行检验。本章选取了包括教育业、商务服务、货币金融服务、资本市场服务和互联网服务等在内的服务业企业作为安慰剂检验的样本。不同于重污染行业，以上所选行业的知识、技术密集型特征突出，污染排放较少，其环境表现不是投资者关注的重点，因而市场价值与第三方评价结果不相关。由于基准回归中处理组在初期主要是沪市上市企业，逐渐扩大到深市上市企业，因此同样按照在沪深上市的区别将服务业企业划分为处理组和对照组。表6.4第(3)列和(4)列汇报的结果表明第三方机构评价并不会对服务业企业的市场价值造成影响，支持了实证结果的稳健性。

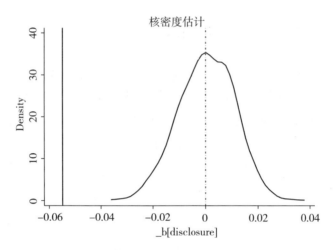

图6.4 企业市场价值的置换效应

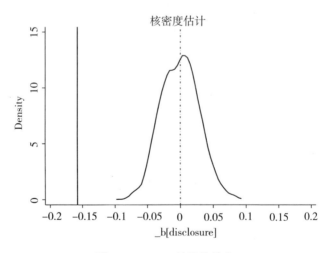

图6.5 Tobin$Q$的置换效应

其次，进行时间反事实检验，即将研究期间设定在事件发生之前。本章将研究期间调整为2008—2013年，并假定事件冲击发生于2011年。此时得出的结果如表 6.4 第（5）列和（6）列所示，可以发现结果并不显著，进一步说明了实证结果的稳健性。

表 6.4   稳健性检验结果

变量名	(1) ln MV	(2) TobinQ	(3) ln MV	(4) TobinQ	(5) ln MV	(6) TobinQ
disclosure	−0.0638***	−0.156**	−0.0169	−1.377	−0.00589	0.0253
	(0.0205)	(0.0762)	(0.0638)	(1.014)	(0.0497)	(0.233)
控制变量	是	是	是	是	是	是
个体固定效应	是	是	是	是	是	是
行业*年度固定效应	是	是	是	是	是	是
省份*年度固定效应	是	是	是	是	是	是
常数项	8.484***	18.80***	8.503***	42.45*	10.82***	18.07***
	(0.541)	(3.088)	(0.867)	(22.13)	(0.822)	(4.542)
样本数	3578	3578	1154	1154	1930	1930
R-squared	0.969	0.740	0.992	0.635	0.976	0.765

（注：小括号内为聚类到企业层面的稳健标准误，*、**和***分别表示显著性水平为10%、5%和1%）

5. 加入前定变量和变换固定效应

为有效识别第三方机构评价对被评价企业市场价值的因果效应，本部分参考陈登科（2020），在回归方程中逐次添加两类变量：影响企业是否进入处理组的前定变量和开展第三方评价同时期其他政策变量。

首先，参数具有因果解释依赖第三方评估对企业选取的随机性，即重污染企业是否被第三方机构纳入评估范围不应与企业特征相关。然而，在确定处理组企业的过程中，第三方机构可能考虑该企业在行业中的影响力，从而选取行业中较为重要的企业进行评估。本章选取总资产份额

（Totalasset Share）、销售收入比重（Sales Share）、利润比重（Profit Share）等因素进行衡量。这些影响政策制定的变量通常被称为前定变量。为控制这些因素，本章在模型式（6.1）中加入这些变量在第一批样本进入处理组之前（即2013年）的取值与企业当年被纳入评估的虚拟变量（disclosure）的交叉项。其中，总资产份额采用企业总资产与企业所在行业总资产之比表示；销售收入比重采用企业产品销售收入与行业总的产品销售收入之比表示；利润比重采用企业利润与行业总利润之比表示。表6.5的第（1）列和第（3）列报告了仅控制前定变量与虚拟变量的交叉项的回归结果，第（2）列和第（4）列进一步增加了基准回归中的控制变量。可以看出，控制前定变量后，第三方机构的评价对被评价企业市场价值的负向效应并未发生改变，且依然在1%的显著性水平上显著。

其次，第三方评价开展的时期正值中国"十三五"规划实施期，中国还实施了其他环境政策，特别是"十三五"生态环境保护规划要求实施专项治理，排查并公布未达标工业污染源名单。因此第三方评价对企业市场价值的影响很有可能包含了这些政策效应。由于这些政策是以省市等区域层级为单位逐级推进和控制的，为此，在回归方程中进一步控制了城市固定效应，结果如表6.5的第（5）列和第（6）列所示。核心解释变量系数的大小和方向与基准回归结果仍保持一致。由此更进一步证明了第三方评价显著降低被评价企业市场价值的结论是稳健的。

表6.5　　　　　环境信息披露第三方评价对企业市场价值的影响

变量名	(1)	(2)	(3)	(4)	(5)	(6)
	ln MV	ln MV	TobinQ	TobinQ	ln MV	TobinQ
disclosure	-0.0924 **	-0.0551 ***	-0.115 *	-0.158 ***	-0.0707 ***	-0.169 **
	(0.0366)	(0.0210)	(0.0635)	(0.0560)	(0.0258)	(0.0660)
totalassetshare * disclosure	-0.000272	-0.000137	-0.000805	-0.000505	-7.52e-05	0.000273
	(0.000397)	(0.000365)	(0.000707)	(0.000665)	(0.000284)	(0.000534)

续表

	(1)	(2)	(3)	(4)	(5)	(6)
profit share * disclosure	9.85e−06	8.01e−05	0.00104	0.000600	0.000256	−0.000422
	(0.000509)	(0.000692)	(0.000937)	(0.000735)	(0.000597)	(0.000849)
sales share * disclosure	8.81e−05	7.01e−05	0.000159	9.26e−05	2.73e−05	−3.61e−05
	(0.000112)	(6.75e−05)	(0.000179)	(0.000176)	(4.36e−05)	(0.000114)
控制变量	否	是	否	是	是	是
个体固定效应	是	是	是	是	是	是
行业 * 年度固定效应	是	是	是	是	是	是
省份 * 年度固定效应	是	是	是	是	否	否
城市 * 年度固定效应	否	否	否	否	是	是
常数项	23.02***	7.789***	2.029***	15.60***	8.150***	15.38***
	(0.00674)	(0.579)	(0.0117)	(1.712)	(0.664)	(1.872)
样本量	4,258	4,258	4,258	4,258	3,451	3,451
R-squared	0.925	0.964	0.746	0.783	0.974	0.835

（注：小括号内为聚类到企业层面的稳健标准误，*、**和***分别表示显著性水平为10%、5%和1%）

6.5.3 影响机制分析

由理论分析部分可知，投资者意识是企业市场价值不可忽视的影响因素，投资者关注会带来显著的市场反应（刘杰 等，2019）。在机制分析部分，主要的检验路径是投资者持股变动和企业崩盘风险及违约风险的变化对市场价值的影响。

1. 直接效应

本部分检验投资者持股变动这一直接效应，主要采用流通股大股东持股和机构投资者持股进行检验。重要的流通股股东相比中小股东，在获取同等信息的情况下，更具有信息分析优势，对信息的分析更透彻，考虑更长远，对企业市场价值的判断也更为准确，其持股比例与企业市场价值显著正相关(古志辉 等，2011)。机构投资者是一种特殊的外部投资人，其持有的股份数额相对较多，更关注企业长期经营绩效和长远发展，对环境友好型企业有投资偏好，更重视企业的环境责任意识和环境履约能力(Aghion，2013；黎文靖和路晓燕，2015)。

本部分首先将模型式(6.1)中的被解释变量分别替换为前五大流通股股东持股比例(Own5)和前十大流通股股东持股比例(Own10)，其余变量均与模型(1)一致。表6.6中第(1)列和第(2)列系数显示，流通股大股东持股比例显著下降。第三方机构评价结果发布后，重要的流通股股东对信息的反应更为迅速和敏感，及时减持了被评价企业的股份。再将模型式(6.1)中的被解释变量替换为机构投资者持股股数的自然对数(Institute)，其余变量均与模型式(6.1)一致。表6.6中第(3)列结果表明，第三方机构公布评价结果后，机构投资者减持幅度较大，持股比例下降了12.9%。

以上分析表明，当第三方机构公布企业评分后，流通股大股东和机构投资者及时关注信息并迅速采取行动。流通股大股东和机构投资者认为得分低的企业环境责任意识较差，会更迅速及时地减持得分低的企业股份，降低企业的市场价值。直接效应的检验结果支持了假设2的结论。

表6.6　　　　　　　　　　　　影响机制分析结果

变量名	(1)	(2)	(3)	(4)	(5)
	Own5	Own10	Institute	DUVOL	DDKMV
disclosure	-0.0257**	-0.0271**	-0.129*	0.0634**	-0.353**
	(0.0122)	(0.0126)	(0.0717)	(0.0304)	(0.163)
控制变量	是	是	是	是	是
个体固定效应	是	是	是	是	是

续表

	（1）	（2）	（3）	（4）	（5）
行业＊年度固定效应	是	是	是	是	是
省份＊年度固定效应	是	是	是	是	是
常数项	1.309***	1.421***	7.124***	-0.724	31.57***
	（0.332）	（0.342）	（2.015）	（0.686）	（7.582）
样本量	4,254	4,254	4,235	4,068	4,119
R-squared	0.662	0.648	0.829	0.362	0.729

（注：小括号内为聚类到企业层面的稳健标准误，＊、＊＊和＊＊＊分别表示显著性水平为10%、5%和1%）

2. 间接效应

本部分检验上市企业股价崩盘风险和违约风险这一间接效应。已有文献认为企业有选择性地进行信息披露是股价崩盘风险增加的主要原因（Jin and Myers，2006；Kim and Zhang，2011）。在第三方机构公布了重污染行业企业的选择性披露行为后，投资者认为企业后期出现违规处罚的风险上升，股价崩盘风险增加，会要求更高的风险溢价，使得企业更有可能面临财务困境，后期违约风险上升。本部分采用股价崩盘风险的度量指标DUVOL和财务困境指标DDKMV对此进行检验。

借鉴已有文献的一般做法，股价崩盘风险的衡量指标根据上市企业股票上下波动率进行度量，首先采用周市场收益率对上市企业的个股周收益率进行回归，估计出模型残差和周特有收益率，从而计算出股票上下波动率（DUVOL），该指标取值越大，表示上市企业的股价崩盘风险越高。公司财务困境指标利用KMV模型进行度量，该模型为信用风险度量模型，能动态反映企业的信用状况，常用于上市公司信用风险评估。在KMV模型中，违约距离DD为上市企业资产价值到债务价值之间的距离，违约距离越小，预期的违约概率越大，即企业未来违约的风险越大。

本部分将模型式（6.1）中的被解释变量分别替换为股票上下波动率（DUVOL）和信用违约距离（DDKMV），其余变量均与模型式（6.1）一致。表 6.6 中第（4）列和第（5）列分别列示了以上结果，显然在第三方机构公布了被评价企业的环境信息披露得分后，会使投资者认为其后期面临的环境风险和法律风险增加，从而带来股价崩盘风险增加了 6.3%，信用违约风险增加了 3.5%，且结果均在 5% 的水平下显著。间接效应的检验结果支持了假设 3 的结论。

6.6　进一步分析

6.6.1　异质性分析

前面的分析得出，第三方机构公布环境信息披露的评价结果会对被评价上市企业的市场价值产生显著的负面影响，造成该影响的直接原因是重要的流通股股东及机构投资者减持了被评价企业的股份。沿着这一思路，不同规模和不同性质的企业可能会因投资者持股目的不同而在第三方评价影响市场价值中呈现异质性表现，并影响其后续的环境信息披露行为。本章接下来从投资者持股目的、企业产权属性和企业资产规模三方面进行异质性分析，并考察不同企业在后续的环境信息披露行为上是否存在差异。

1. 投资者持股目的的异质性分析

本部分考虑投资者的异质信念程度对其投资行为的影响。根据已有文献的研究结果以及限于数据的可得性，在此以机构投资者为代表进行分析。机构投资者包括公募基金、社保基金、保险公司、外资、信托和财务公司等不同类型，其持股目的和投资理念有很大差异。按照投资行为特征可分为稳定型机构投资者和交易型机构投资者。稳定型机构投资者持股稳定，长期关注所投资公司的实际价值，期望通过公司的良好运营和盈利增长来获利；而交易型机构投资者则会频繁交易，以短期的股票市场价格波动差价获利(许年行 等，2013；周绍妮 等，2017)。

稳定型机构投资者出于两方面的原因会更关注所投资企业的环境信息披露水平：一是稳定型机构投资者注重考察企业的长期价值，更希望所投资的企业具有良好的资本市场声誉，偏好投资愿意承担社会责任的上市企业(Cox and Wicks，2011)，环境信息披露是企业社会责任中不可或缺的重要组成部分；二是上市企业披露环境信息具有"类保险"效应，能缓解突发性环境事故对企业声誉和企业价值造成的负面影响(田利辉和王可第，2017)，专注于长期投资的稳定型机构投资者更需要企业提升环境信息披露水平，以对冲未来可能发生的环境事故造成的负收益。相反，交易型机构投资者则偏好短期利润，并不关心企业是否承担了环境责任，也不会关注企业的环境信息披露水平。因此，不同类型的机构投资者对第三方机构环境信息披露评价结果可能存在异质性反应，本部分对此进行检验。

参照杨棉之等(2020)，本部分从时间和行业两个维度判断机构投资者的异质性，其计算公式如下：

$$\begin{cases} SD_{i,t} = \dfrac{INVH_{i,t}}{STD(INVH_{i,t-3}, \ INVH_{i,t-2}, \ INVH_{i,t-1})} & (6.2) \\ INVW_i \begin{cases} 1, & SD_{i,t} \geq MEDIAN_{i,t}(SD_{i,t}) \\ 0, & 其他 \end{cases} & (6.3) \end{cases}$$

式(6.2)中 $INVH_{i,t}$ 表示企业 i 在 t 年时的机构投资者持股比例，$STD(INVH_{i,t-3}, INVH_{i,t-2}, INVH_{i,t-1})$ 则表示企业 i 前三年机构投资者持股比例的标准差，SD_{it} 为公司 i 在 t 年机构投资者持股比例与其过去三年机构投资者持股比例标准差的比值，在时间维度上衡量了机构投资者持股动机。式(6.3)中 $INVW_{i,t}$ 为虚拟变量，表示机构投资者的异质性，$MEDIAN_{i,t}(SD_{i,t})$ 为 t 年 SD_{it} 的行业中位数，当 $SD_{i,t} \geq MEDIAN_{i,t}(SD_{i,t})$ 时，$INVW_{i,t}$ 等于1，代表企业 i 在 t 年的机构投资者为稳定型机构投资者；当 $SD_{i,t} < MEDIAN_{i,t}(SD_{i,t})$ 时 $INVW_{i,t}$ 为0，代表企业 i 在 t 年的机构投资者为交易型机构投资者。

在对异质性机构投资者进行区分的基础上，采用模型式(6.4)进行回归，其结果如表6.7所示。

$$Y_{it} = \delta_1 \, disclosure_{it} + \delta_2 \, disclosure_{it} \times INVW_{it} + \gamma X_{it-1} + \alpha_i + \mu_{dt} + \eta_{kt} + \varepsilon_{it}$$

(6.4)

从表6.7的第(1)列和第(2)列结果可知，在第三方机构公布了企业的环境信息披露评分后，稳定型机构投资者所投资的上市公司市场价值明显下降；从表6.7的第(3)列可知，稳定型机构投资者明显减持了被评价企业的股份，而交易型机构投资者的投资行为则未受第三方评价结果的影响。

表6.7　　　　　　　　　投资者持股目的的异质性分析结果

变量名	(1) ln MV	(2) TobinQ	(3) Institute
disclosure	−0.0291	−0.119*	−0.0167
	(0.0277)	(0.0715)	(0.0851)
disclosure * INVW	−0.0459*	−0.0688	−0.208***
	(0.0259)	(0.0648)	(0.0699)
INVW_effect	−0.075***	−0.188***	−0.225***
	(0.0214)	(0.0578)	(0.0749)
控制变量	是	是	是
个体固定效应	是	是	是
行业年度固定效应	是	是	是
省份年度固定效应	是	是	是
常数项	7.841***	15.68***	8.226***
	(0.572)	(1.708)	(1.975)
样本量	4,258	4,258	4,235
R-squared	0.964	0.783	0.829

（注：括号内为聚类到企业的稳健标准误，*、**、***分别表示显著性水平为10%、5%和1%。INVW_effect 回归系数表示稳定型机构投资者所投资公司受到的影响，为 disclosure 与 disclosure * INVW 两个变量回归系数之和）

2. 企业规模的异质性分析

企业规模大小影响其在资本市场的受关注程度，而第三方机构发布企业环境信息披露评价对市场价值的负向冲击，是否会因企业规模不同而存在差异？借鉴 Zwick and Mahon（2017）的方法，将企业按期初的总资产规模均分为十等份，以最低的三等份作为小规模企业，最高的三等份作为大规模企业，其余为中等规模企业，然后采用模型式(6.5)进行回归。其中，small 和 medium 分别表示小规模和中等规模企业的虚拟变量，大型企业为基准模型。其余变量定义等设定与模型式(6.4)一致。

$$Y_{it} = \delta_1 \text{disclosure}_{it} + \delta_2 \text{disclosure} \times \text{small} + \delta_3 \times \text{medium} + \gamma X_{it-1}$$

$$+ \alpha_i + \mu_{dt} + \eta_{kt} + \varepsilon_{it} \tag{6.5}$$

表 6.8 中第(1)列和第(2)列是按企业规模区分的异质性结果，因变量分别为 ln MV 和 TobinQ。其中，disclosure 回归系数分别为 -0.094 和 -0.210，且在 1% 的水平下显著，disclosure * medium 的回归系数不显著，说明当第三方机构介入后，被评价企业中的大中型企业受到了显著的负向冲击；Small_effect 回归系数为 disclosure 与 disclosure * small 两个变量回归系数之和，衡量了小型企业受到第三方机构介入的影响，Small_effect 系数不显著说明小型企业的市场价值并未受到第三方机构介入的影响。

表 6.8　　　　　　　企业规模和企业性质的异质性分析结果

变量名	(1) ln MV	(2) TobinQ	(3) ln MV	(4) TobinQ
disclosure	-0.0940***	-0.210***	-0.0130	-0.116
	(0.0252)	(0.0597)	(0.0296)	(0.0769)
disclosure * small	0.119***	0.127		
	(0.0419)	(0.125)		
disclosure * medium	0.0347	0.0638		
	(0.0355)	(0.0767)		

续表

	（1）	（2）	（3）	（4）
Small_effect	0.0249	−0.0830		
	（0.039）	（0.124）		
disclosure * SOE			−0.0765 **	−0.0770
			（0.0334）	（0.0824）
SOE_effect			−0.0896 ***	−0.193 ***
			（0.024）	（0.062）
控制变量	是	是	是	是
个体固定效应	是	是	是	是
行业 * 年度固定效应	是	是	是	是
省份 * 年度固定效应	是	是	是	是
常数项	7.949 ***	15.76 ***	7.855 ***	15.67 ***
	（0.583）	（1.713）	（0.574）	（1.711）
样本量	4258	4258	4258	4258
R-squared	0.964	0.783	0.964	0.783

（注：小括号内为聚类到企业层面的稳健标准误，* 、 ** 和 *** 分别表示显著性水平为 10%、5% 和 1%；Small_effect 回归系数表示小型企业受到的影响，为 disclosure 与 disclosure * small 两个变量回归系数之和；SOE_effect 回归系数表示国有企业受到的影响，为 disclosure 与 disclosure * SOE 两个变量回归系数之和）

根据前文结果可知，投资者持股目的不同会带来投资行为的差异。为验证企业规模的异质性结果是否与其投资者结构有关，本部分对比了大中小型企业的异质性机构投资者分布。从图 6.6 可知，大中型企业中稳定型机构投资者数量较大幅度地超过了交易型机构投资者数量；而小型企业则恰好相反，以交易型机构投资者为多数。大中型企业中稳定型机构投资者的作用更显著，当第三方机构公布了被评价企业的环境信息披露结果后，稳定型投资者认为被评价企业不再具备长期持有的价值，因而减持了大中型企业的股份；而小型企业中交易型投资者占多数，他们更关注企业短期的股价波动，故未受第三方机构介入的影响。

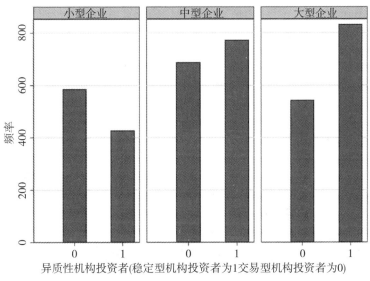

图 6.6　不同规模企业中异质性机构投资者分布情况

3. 企业性质的异质性分析

为了研究不同所有权性质的企业受到的影响是否一致，在模型式
(6.6)中设置产权虚拟变量。SOE 表示国有企业的虚拟变量，非国有企业
为参照基准，被解释变量是企业市场价值。其余变量定义等设定与模型式
(6.1)一致。

$$Y_{it} = \delta_1 \, disclosure_{it} + \delta_2 \, disclosure_{it} \times \text{SOE} + \gamma X_{it-1} + \alpha_i + \mu_{dt} + \eta_{kt} + \varepsilon_{it}$$

$$(6.6)$$

表 6.8 中第(3)列和第(4)列是按企业性质区分的异质性结果，因变量
分别为 ln MV 和 TobinQ，其中 disclosure 的回归系数并不显著，表示非国有
企业并未受到第三方机构评价的负向影响；SOE_effect 为 disclosure 与
disclosure * SOE 两个变量回归系数之和，代表国有企业的市场价值在第三
方机构评价后的变化，其系数分别为-0.0896 和-0.193，且在 1% 的水平

下显著，说明国有企业的市场价值因第三方机构公布评价结果而受到显著的负向冲击。在对比了国有企业与非国有企业的异质性机构投资者分布后，由图 6.7 可知，国有企业中稳定型机构投资者占多数，而非国有企业中交易投资者占多数。投资者投资理念和投资行为的差异决定了他们对第三方评价结果的反应上的差异，从而导致产权性质不同的企业受到异质性影响。

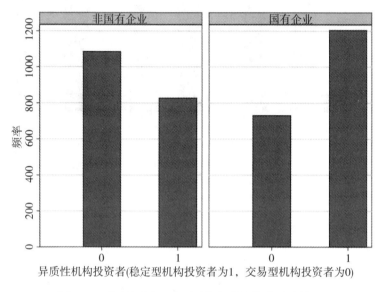

图 6.7　不同性质企业中异质性机构投资者分布情况

6.6.2　第三方机构对企业环境信息披露行为的影响分析

第三方机构公布评价结果后显著降低了被评价企业的市场价值，使被评价企业面临更严重的融资约束，为缓解融资压力，被评价企业会否在后续的信息披露中提升环境信息披露水平？大中型企业和国有企业受到了更严重的负向冲击，那么是否会有更迫切的动力改变披露行为以重获市场青睐？本部分以第三方机构的介入作为核心解释变量，以上市公司的实际环境信息披露水平作为被解释变量进行检验。

为衡量全部样本企业的实际环境信息披露水平，本章参照已有文献的做法，采用上市企业年报中与环境信息相关的内容评分进行测度（朱炜 等，2019；杨广青 等，2020）。上市公司的实际环境信息披露水平根据国泰安（CSMAR）数据库对上市公司年报中实际的内容披露进行内容性评价打分，从而转化为定量数据，再将所有项目的得分汇总，从而形成本章全部样本企业的实际环境信息披露水平得分。本部分构建了模型式（6.7）、模型式（6.8）和模型式（6.9）进行检验。

$$\text{Score}_{it} = \delta_1 \text{disclosure}_{it} + \gamma X_{it-1} + \alpha_i + \mu_{dt} + \eta_{kt} + \varepsilon_{it} \qquad (6.7)$$

$$\text{Score}_{it} = \delta_1 \text{disclosure}_{it} + \delta_2 \text{disclosure}_{it} \times \text{Small} + \gamma X_{it-1} + \alpha_i + \mu_{dt} + \eta_{kt} + \varepsilon_{it}$$

$$(6.8)$$

$$\text{Score}_{it} = \delta_1 \text{disclosure}_{it} + \delta_2 \text{disclosure}_{it} \times \text{SOE} + \gamma X_{it-1} + \alpha_i + \mu_{dt} + \eta_{kt} + \varepsilon_{it}$$

$$(6.9)$$

被解释变量 Score_{it} 为上市企业实际环境信息披露水平作为，disclosure_{it} 代表企业 i 在 t 年是否被第三方评价公布得分。模型式（6.7）衡量了第三方机构公布评价结果后，被评价企业的实际披露水平是否显著提升。模型式（6.8）中 Small 为虚拟变量，当企业规模为小型企业时等于 1，否则为 0，衡量了被评价企业内的大中型企业相比小型企业而言，实际披露水平的提升程度。模型式（6.9）中 SOE 为虚拟变量，当企业性质为国有企业时等于 1，否则为 0，衡量了被评价企业内的国有企业相比非国有企业而言，实际披露水平的提升程度。

表 6.9 中第（1）列汇报了模型式（6.7）的回归结果，disclosure 的回归系数为 0.702，且在 5% 的水平下显著，说明当第三方机构介入后，被评价企业的环境信息披露水平得到了显著提升。表 6.9 中第（2）列汇报了模型式（6.8）的回归结果，disclosure 的回归系数为 0.913，且在 1% 的水平下显著，表示被第三方机构评价的大中型企业显著提升了环境信息披露水平。

Small_effect回归系数为 disclosure 与 disclosure * small 两个变量回归系数之和，代表小型企业的披露水平受第三方机构介入的影响程度，其系数不显著说明小型企业并未因第三方机构的介入而提升披露水平。表 6.9 中第(3)列汇报了模型式(6.9)的回归结果，disclosure 的回归系数为 1.186，且在 1%的水平下显著，表示被第三方机构评价的非国有企业显著提升了环境信息披露水平，SOE_effect 为 disclosure 与 disclosure * SOE 两个变量回归系数之和，代表国有企业的披露水平受到第三方机构介入的影响程度，其系数不显著说明国有企业并未因第三方机构的介入而提升披露水平。

　　大中型企业和国有企业均受到第三方评价对其企业市场价值的负向影响，但在后期的披露水平提升上却存在显著差异。为探究其原因，本章更进一步地将样本分为国有和非国有两组，观察国有大中型企业与国有小型企业、非国有大中型企业与非国有小型企业在披露行为上的差异。表 6.9 中第(4)列将样本限制在国有企业内，发现国有大中小型企业在第三方机构介入后均未改变披露行为。表 6.9 中第(5)列将样本限制在非国有企业内，发现非国有大中型企业在第三方机构介入后显著提升了披露行为，而非国有小型企业披露行为则未发生显著改变。

　　以上结果表明，在第三方机构公布评分结果后，被评价企业的确提升了环境信息披露水平，但主要是非国有大中型企业的披露水平显著提升。国有大中型企业虽然受到了第三方机构评价对市场价值的负向冲击，却并未因此而改变披露行为。可能的原因在于在以银行为主体的中国金融资源配置中长期存在基于所有制性质的信贷歧视，国有企业与非国有企业在信贷获取存在错配，国有企业能够从国有银行获得持续稳定的信贷资源，而非国有企业则面临融资贵、融资难的困境(赖黎 等，2016)。因此，国有企业、尤其是国有大中型企业并不依赖于资本市场的融资渠道，对资本市场所产生的负面冲击也并未进行有效应对。但非国有企业更依赖资本市场以缓解融资约束，故非国有大中型企业在受到第三方机构对其市场价值的负向冲击后，会及时调整披露水平。

表 6.9   第三方机构对企业环境信息披露行为的影响

变量名	（1） 全样本 Score	（2） 全样本 Score	（3） 全样本 Score	（4） 国有 Score	（5） 非国有 Score
disclosure	0.702**	0.913***	1.186***	0.493	1.626***
	(0.313)	(0.352)	(0.424)	(0.532)	(0.518)
disclosure * small		−0.977		0.0379	−2.129**
		(0.597)		(1.100)	(0.867)
Small_effect		−0.0639		0.5307	−0.5029
		(0.530)		(1.057)	(0.753)
disclosure * SOE			−0.882		
			(0.540)		
SOE_effect			0.3041		
			(0.404)		
控制变量	是	是	是	是	是
个体固定效应	是	是	是	是	是
行业年度固定效应	是	是	是	是	是
省份年度固定效应	是	是	是	是	是
常数项	−3.202	−4.656	−2.482	−1.190	−7.854
	(7.483)	(7.473)	(7.401)	(13.67)	(11.28)
样本量	4,251	4,251	4,251	1,951	2,178
R-squared	0.761	0.761	0.761	0.773	0.777

（注：括号内为聚类到省份的稳健标准误，*、**、***分别表示显著性水平为10%、5%和1%；Small_effect 回归系数表示小型企业受到的影响，为 disclosure 与 disclosure * small 两个变量回归系数之和；SOE_effect 回归系数表示小型企业受到的影响，为 disclosure 与 disclosure * SOE 两个变量回归系数之和）

6.7　本章小结

企业环境信息披露是发挥绿色金融的资源配置作用、引导资源流入绿色企业的基础和关键。在当前上市企业环境信息披露水平普遍较低的背景下，第三方机构对企业环境信息披露的评价是否能引发资本市场反应并改变企业披露行为，其中的影响机制如何，均值得探究。本章的实证结果表明，第三方环境信息披露评价在改善资本市场环境信息不对称程度方面是有效的，主要发现如下：第一，在加入了可能影响企业市场价值的控制变量后，第三方机构公布评分导致被评价企业的市场价值下降5.49%。这说明市场认为被评价企业并未认真履行环境信息披露义务，未按政策规定进行披露，减少了对被评价企业的投资，重污染行业上市企业的市场价值整体显著下降。第二，从影响机制来看，流通股大股东和机构投资者的投资行为改变是企业市场价值下降的直接原因，被评价企业后期股价崩盘风险和信用违约风险增加是企业市场价值下降的间接原因。第三，进一步分析结果表明，第三方评价对大中型企业和国有企业市场价值的负向冲击更大，小型企业和非国有企业未受到明显影响，主要原因在于不同规模和性质企业的投资者持股目的和理念不尽相同。非国有大中型企业更重视第三方机构的作用，在意识到第三方机构的评价会造成负面影响后显著改善其环境信息披露水平。国有企业的披露行为则不受第三方机构介入的影响。

基于上述结论，本章提出如下三点政策启示：

一是鼓励专业机构积极参与第三方评价。第三方机构发布独立、公正和权威的评价能重构投资者对上市企业市场价值的判断。第三方评价引导资金从环境责任意识低的企业流入环境责任意识高的企业，是落实环境政策、提升企业环境责任意识的重要抓手。在政策制定上应当支持和促进科研机构以及专业智库开展多样化、连续性的企业环境信息披露质量评价。

二是引导上市企业重视非财务信息的披露。财务信息对市场价值的影响已不言而喻，但上市公司也要意识到非财务信息的重要性正与日俱增。在资本市场绿色导向持续增强的背景下，上市企业只有提升环保意识、切实履行环境责任、多披露有"含金量"的硬性环境信息，才能在聚焦可持续发展能力的非财务报告中交出亮眼的答卷，以赢得投资者认可并获得资本优势，实现企业的长远良性发展。

三是强化大型企业和国有企业的环境责任意识。大型企业和国有企业的规模和性质决定了一旦出现环境责任事故，则必定波及甚广，损失甚重，故投资者为规避风险会首先减持大型企业和国有企业股份。大型企业和国有企业想要在资本市场更有竞争力，需要比一般企业披露更多环境信息才能增强投资者信心，这也从另一个角度说明了大型企业和国有企业承担环境责任的重要性。

第7章 绿色信贷的实施对绿色发展的影响：基于企业绿色TFP的评价

7.1 引言

第5章和第6章分别从短期和长期的市场反应观察了绿色金融政策对资本市场的引导作用，认为资本市场对绿色企业具有积极反应，并在提升绿色企业的全要素生产率水平上起到显著促进作用。本章则观察绿色金融中最重要的绿色信贷工具对工业企业的污染治理和绿色转型的效果。

改革开放以来，中国工业发展成就举世瞩目。根据国家统计局公布的数据，工业增加值年均增长11%，2010年，中国制造业占全球的比重达19.8%，成为世界制造业第一大国。工业化尤其是重工业的快速发展，给生态资源带来了极大压力，资源环境约束的强化和要素成本的提高成为制约经济发展的重要因素。在此背景下，2005年"十一五"规划中提出要对污染物排放进行总量控制，该措施取得良好成果，在"十一五"末，化学需氧量和二氧化硫减排量均超额完成任务。但传统的行政管制办法可能导致地方政府和工业企业片面关注末端治理，没有从根本上转向清洁生产过程，资源和能源未得到充分利用，具有不经济性，增加了企业成本负担，从而影响了企业的污染治理积极性。

为了达到激励企业清洁生产，提高能源使用效率，促进企业绿色转型，需要将污染防治融入经济政策，这意味着金融部门可以发挥市场机制优势，利用资金配置支持绿色产业发展，并引导传统产业转型。绿色信贷政策作为中国实施时间最长的绿色金融政策工具，通过引导信贷资金流向和调整信贷结构，达到改造传统制造业和支持环保行业绿色转型升级的目的。相比传统的行政管制办法，绿色信贷政策的实施效率更高而成本更低，且更具备长效性。自 2007 年开始，绿色信贷政策正式由环保部门和金融监管部门协同推进，得到金融机构的积极响应和贯彻落实。商业银行提供的间接融资渠道是中国工业制造业获得贷款的主要来源，根据中国人民银行发布的《2002 年以来社会融资规模年度数据及结构》，人民币贷款占社会融资规模的比例在 2002 年高达 91.9%，虽然呈逐年下降趋势，但在 2007—2011 年仍占 60% 左右。

从理论上讲，因绿色信贷政策的执行使信贷资金从污染性行业退出，逐步投入绿色环保领域，其他相关资源如劳动力、技术、土地等要素配置也会随之优化，共同促进工业企业绿色全要素生产率的提高，带来绿色的经济增长。但就具体实践而言，绿色信贷政策是否能促进工业企业的绿色转型，优化要素资源配置，提升绿色全要素生产率，取决于商业银行对政策的执行力度以及企业自身行为和观念的转变。因此，评估绿色信贷政策对企业绿色全要素生产率的影响，有助于识别绿色信贷政策的执行效果，理解其中的作用机制，剖析企业绿色转型行为的影响因素，是一项值得探讨和研究的重要议题。

与本章研究相关的文献主要包括两类。第一类研究主要关注环境规制对工业全要素生产率的影响，既有文献长期以来存在以下争论：新古典经济学家认为环境规制要求企业进行污染治理，会引起成本的上升，而一定时期内企业能够使用的资源是有限的，污染治理成本支出会挤占企业可使用的资源，导致企业全要素生产率下降；但以 Porter(1991) 为代表的学者认为环境规制会倒逼企业调整生产方式，通过技术创新促进全要素生产率的提升，从而抵消环境规制带来的治理成本，提高企业的竞争力。将能源消耗与污染排放纳入生产率分析框架后，部分学者也通过实证方式检验环境规制与绿色全要素生产率的关系，认为环境规制与绿色全要素生产率呈 U 型关系(李玲和陶锋，2012)，显著促进清洁型行业的绿色全要素生产率，但对污染型行业的绿色全要素生产率有滞后效应(沈能，2012)。

第二类研究以绿色信贷政策的影响为主要关注点，认为绿色信贷一方面能显著提高企业融资便利性(牛海鹏 等，2020；薛俭和朱迪，2021)，另一方面也有助于降低银行信贷风险，优化信贷结构(杜莉和张鑫，2012)，提高银行的成本效率(丁宁 等，2020)。目前关于绿色信贷政策是否影响产业结构和产业效率及其机制分析的文献较少，陈伟光和胡当(2011)通过理论分析的方式从宏观上提出绿色信贷能推进产业升级，陆菁等(2021)采用微观企业数据实证发现，绿色信贷政策并未引致波特效应出现，信贷约束机制导致高污染企业技术创新下降。

通过梳理相关文献不难看出，相关学者并没有将绿色信贷政策与企业绿色转型行为相联系，对环境规制和绿色全要素生产率的研究局限于产业和地域层级，鲜有对微观企业行为进行研究。有鉴于此，本章尝试利用工业企业数据库和污染数据库的匹配样本回答以下问题：绿色信贷的约束机制和激励机制是否对污染企业和环保企业产生了不同的政策效果？约束机制是否倒逼了污染企业产生"波特假说"效应？这种政策效果背后的作用机制是什么？绿色信贷政策的影响效果在异质性企业中是否有非对称的差异表现？

本章主要的边际贡献有以下三点。首先，本章基于微观企业视角，将工业企业的能源消耗和污染排放纳入全要素生产率，考虑非期望产出的 DDF 效率测定方式，并结合 Malmquist-Luenberger 生产率指数方法科学地测度工业企业的绿色全要素生产率，能更准确地衡量企业绿色技术水平和绿色转型程度，从而对绿色信贷政策影响工业企业绿色发展的效应进行合理评价；其次，本章采用双重差分法及一系列稳健性检验对绿色信贷政策影响工业企业绿色转型效果进行衡量，得出更准确的因果识别结果，是对相关领域已有文献研究角度和内容的拓展和充实；最后，本章将绿色信贷政策对污染企业的约束效应和对环保企业的激励效应区分开来，分别予以度量，并探寻不同影响机制导致的不同效果，能为绿色金融政策如何更好地引导工业企业绿色发展提供一定的政策参考。

本章接下来的分析安排如下：7.2 小节进行政策背景和理论分析，7.3 小节介绍实证分析方法，7.4 小节对变量和数据进行解释，7.5 小节汇报实证分析结果并进行稳健性检验，7.6 小节对影响机制作进一步探讨，最后是结论与政策启示。

7.2 政策背景与理论假设

7.2.1 政策背景

为了建立长效机制，综合运用市场和经济政策推进环境保护和节能减排，从 2007 年开始，原国家环境保护总局和原银监会、中国人民银行等部门联合开展关于完善绿色信贷政策的协同磋商，并在 2007 发布了一系列绿色信贷相关的政策性文件，主要包括以下几个方面。

第一，提出以产业政策区别对待企业授信的指导思想。中国人民银行发布《关于改进和加强节能环保领域金融服务工作的指导意见》（银发〔2007〕215 号），指出对企业贷款授信要"区别对待，有保有压"，合理配置信贷资源。具体措施为将企业按产业结构政策要求区分为四种类型：一是鼓励类，积极给予信贷支持；二是限制类，不予提供贷款增量，对已有的贷款存量在严格整改后可以提供；三是淘汰类，停止授信，并追回已发放的贷款；四是允许类，即不属于以上三类的其他企业，在考虑环保因素的基础上正常授信。

第二，环保部门与金融部门信息共享，协同合作。原国家环境保护总局、原银监会和中国人民银行联合发布了《关于落实环保政策法规防范信贷风险的意见》，明确要求金融部门和环保部门共同遵照环保法律法规，严格进行环境和信贷管理，对环境保护上严重违法的项目不得提供授信，对节能环保项目则可以给予信贷优惠。这一意见的出台标志着环保部门和银行部门联合推动绿色信贷的决心，将环境监管和信贷管理结合起来，通过信息共享的方式督促企业履行环境责任，也因此这一意见的发布被视为

165

绿色信贷发展的重要节点。

第三，合理区分污染企业和清洁企业，细化要求。原银监会发布《关于防范和控制高耗能高污染行业贷款风险的通知》，指出要重点关注电力、钢铁、建材、电解铝、铁合金、焦炭、化工、煤炭、造纸、食品等行业中的落后产能问题，控制高耗能、高污染行业的贷款投放，压缩和回收落后生产能力企业的贷款；原银监会同时还发布了《节能减排授信工作指导意见》，在强调对限制和淘汰类的新建项目不得提供授信支持的基础上，要对节能环保的企业进行有针对性的信贷鼓励，如国家确定的节能重点工程、再生能源项目、水污染治理工程、二氧化硫治理、循环经济试点、水资源节约利用、资源综合利用、废弃物资源化利用、清洁生产、节能减排技术研发和产业化示范及推广、节能技术服务体系、环保产业等重点项目。如果节能减排效果显著，属于国家推荐和鼓励类的企业项目，则在同等条件下可优先获得授信支持。

通过梳理以上政策内容可以发现，在 2007 年当年出台了一系列绿色信贷政策指导性文件，且有多部门联合推进的大力支持。根据原银监会的介绍，在授信政策上有"三个支持""三个不支持"。"三个支持"即银行业金融机构要对列为国家重点的节能减排项目给予支持；对得到财政、税收支持的节能减排项目给予支持；对节能减排显著地区的企业和项目在同等条件下给予支持。"三个不支持"即银行业金融机构对列入国家产业政策限制和淘汰类的新建项目不支持，对耗能、污染问题突出且整改不力的企业和项目不支持，对列为落后产能的项目不支持。绿色信贷政策实质上是通过银行这一金融中介机构把调整和优化信贷结构与国家经济结构结合起来。

自 2007 年开始，绿色信贷政策框架体系更加完善，并且在环保部门和金融部门协同努力的基础上，绿色信贷政策作为环境经济政策的重要组成部分，开始发挥更重要的作用。图 7.1 为主要银行公布的绿色信贷余额年度数据，可以看出，自 2007 年绿色信贷指导性文件出台后，银行绿色信贷的发放速度明显加速。

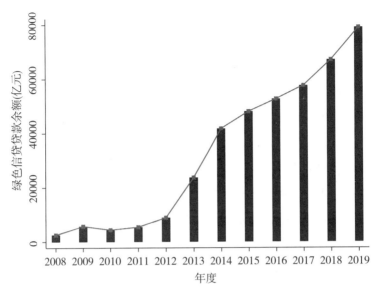

图 7.1　2008—2019 年中国主要银行的绿色信贷贷款余额

（数据来源：根据国泰安 CSMAR 数据库绿色金融数据整理得到）

7.2.2　理论假设

绿色信贷政策兼有金融资源属性和环境规制属性，可以从两个角度对企业绿色全要素生产率产生影响。

1. 金融发展的视角

经济发展与产业升级的关键在于资源能得到有效配置，已有大量文献支持了金融发展对经济增长的作用，金融部门通过资金的最优配置对经济效率产生正面影响，推动经济增长（Levine，2005）。金融部门在搜集信息、分散风险和降低交易成本方面存在的优势，有助于信贷资金投入回报预期良好的项目，从而提升实体经济的资源配置效率（刘贯春 等，2017），促进产业结构调整和优化升级。银行业在国内的融资格局中居于核心地位，影响实体经济配置效率的主要金融因素是信贷分配方式（战明华，2014），而绿色信贷政策则会在信贷分配领域产生直接且影响重大的外生冲击。由此可以认为，绿色信贷政策会通过银行信贷渠道影响信贷资源在不同行业的配置，进而影响不同行业内企业的绿色全要素生产率。

从实证的角度，Demetriades et al.（2008）和 Ayyagari et al.（2010）利用中国微观企业的数据研究发现，银行贷款与企业的全要素生产率有显著的正相关关系；解维敏和方红星（2011）通过考察中国上市公司数据，认为银行市场化改革对缓解融资约束和提升企业研发投入有显著正向影响；陈启清和贵斌威（2013）利用省级面板数据检验发现，金融发展起到了改善资源配置的作用。进一步地，现有文献将环境因素引入了发展效率中，刘贯春等（2017）测算中国的省级发展效率，认为金融发展显著提升了绿色发展效率。由此，本章提出假设1：

假设1：绿色信贷政策会影响企业的绿色全要素生产率。

2. 环境规制的视角

如前所述，新古典理论认为企业为了满足环境规制的要求，不得不挤占原本用于生产方面的资源，降低劳动力和技术等要素投入，从而降低企业的全要素生产率。而波特假说则认为在挤占效应之外还有技术创新效应，企业在环境规制的倒逼之下投入更多研发资金，提高技术水平，不仅不会带来全要素生产率的降低，反而会提升全要素生产率，增强企业竞争力。Lanoie et al.（2008）在两种理论的弥合基础上，指出环境规制对企业全要素生产率的影响是负向的，但环境规制的滞后效应可能带来企业技术水平的提升。

现有文献除了验证以上两种效应之外，已开始探讨环境规制的资源再配置效应。这意味着，环境规制对异质性企业所产生的影响是不一致的。Tombe and Winter（2015）提出，环境规制的设计是基于污染强度而定的，不同污染强度的企业受环境规制影响具有非对称性，显然会出现资源配置效应的不一致。韩超等（2017）以"十一五"规划的污染物减排为约束性环境规制，发现其具有缓解资源错配水平的作用。本章认为，绿色信贷政策作为一项经济性的环境规制政策，同样对企业具有异质性的影响，即对污染企业的信贷约束和对环保企业的信贷激励同时并存，其约束效应和激励效应所带来的政策效果应当是不同的，基于此，本章提出假设2：

假设2：绿色信贷政策对企业绿色全要素生产率的影响是不一致的，即提升环保产业的绿色全要素生产率，同时降低污染产业的绿色全要素生产率。

7.3 研究设计、变量与数据

7.3.1 研究方法

1. 绿色全要素生产率测度

企业在生产过程中不止有期望产出，即生产出制成品，还不可避免地带来非期望产出，如废水、废气等污染物。传统的全要素生产率 TFP 因未将能源投入和生产过程中产生的污染物考虑在内而被认为不能全面反映真实的经济增长。Chuang et al.（1997）提出用于环境污染领域的方向性距离函数（DDF）方法，测量在促进经济增长的同时减少污染排放，即将期望产出和非期望产出同时纳入生产活动。进一步地，在 DDF 的基础上通过 Malmquist-Luenberger（ML）生产率指数测度工业企业的绿色全要素生产率。

首先定义一个既包括期望产出也包括非期望产出的环境技术模型，方向性环境距离函数的思想是在期望产出增长的基础上，使投入和非期望产出，即环境污染尽可能地减少。具体表示如下：

$$\vec{D}_0^t(y^t, x^t, b^t; g_y, -g_b) = \sup[\beta: (y^t + \beta g_y, b^t - \beta g_b) \in P^t(x^t)]$$

(7.1)

其中，$g = (g_y, -g_b)$ 为设定的方向向量；x 表示投入向量；y 为期望产出向量，即通常意义上的经济增长；b 为非期望产出，即污染排放程度；β 代表了期望产出增加和非期望产出减少的最大可能数量。

本章根据涂正革（2008）的做法，将方向向量设定为 $g^t = (y^t, -b^t)$，在此基础上，以如下数学规划表达式计算方向性距离函数：

$$\overrightarrow{D_0^t}(y_k^t, x_k^t, b_k^t; y_k^t, -b_k^t) = \max\beta$$

$$\text{s. t.} \quad \sum_{}^{k} z_k y_{k,m}^t \geq (1+\beta)y_{k,m}^t, \quad m = 1, 2, \cdots, M$$

$$\sum_{}^{k} z_k b_{k,j}^t = (1-\beta)b_{k,j}^t, \quad j = 1, 2, \cdots, J \tag{7.2}$$

$$\sum_{}^{k} z_k x_{k,n}^t \leq x_{k,n}^t, \quad n = 1, 2, \cdots, N$$

$$z_k \geq 0, \quad k = 1, 2, \cdots, K$$

式(7.2)中，M，J，N 分别表示期望产出、非期望产出和投入要素的种类，K 为决策单位，t 表示时期，z_k 表示观测值的权重。在方向性距离函数的基础上构造绿色全要素生产率，根据 Chung 等（1997）的方法，采用 Malmquist-Luenberger 生产率指数来测算企业的绿色全要素生产率，在 t 到 $t+1$ 期的 ML 指数为：

$$ML_t^{t+1} = \left[\frac{1+\overrightarrow{D_0^t}(x^t,y^t,b^t;y^t,-b^t)}{1+\overrightarrow{D_0^t}(x^{t+1},y^{t+1},b^{t+1};y^{t+1},-b^{t+1})} \times \frac{1+\overrightarrow{D_0^{t+1}}(x^t,y^t,b^t;y^t,-b^t)}{1+\overrightarrow{D_0^{t+1}}(x^{t+1},y^{t+1},b^{t+1};y^{t+1},-b^{t+1})}\right]^{\frac{1}{2}}$$

$$\tag{7.3}$$

ML>0 代表绿色全要素生产率增长，而 ML<0 则代表绿色全要素生产率下降。ML 指数可以进一步分解为 EFFCH 和 TECH 两个部分，用于衡量绿色追赶（技术效率变化）和绿色创新（技术进步变化），具体表达式如下：

$$EFFCH_t^{t+1} = \frac{1+D_0^{t+1}(x^t, y^t, b^t; y^t, -b^t)}{1+D_0^{t+1}(x^{t+1}, y^{t+1}, b^{t+1}; y^{t+1}, -b^{t+1})} \tag{7.4}$$

$$TECH_t^{t+1} = \left[\frac{1+D_0^{t+1}(x^t,y^t,b^t;y^t,-b^t)}{1+D_0^t(x^t,y^t,b^t;y^t,-b^t)} \times \frac{1+D_0^{t+1}(x^{t+1},y^{t+1},b^{t+1};y^{t+1},-b^{t+1})}{1+D_0^t(x^{t+1},y^{t+1},b^{t+1};y^{t+1},-b^{t+1})}\right]^{\frac{1}{2}}$$

$$\tag{7.5}$$

EFFCH>0 时表示技术效率提高，反之则表示技术效率下降；TECH>0 时表示技术进步，反之则表示技术退步。

值得注意的是，ML 生产率指数反映的是绿色全要素生产率的增长率，即绿色生产率相对上一年度的变化程度。为了求得绿色全要素生产率及其分解指标的实际值，需要对结果进行进一步调整。本章沿用邱斌（2008）的计算方法，将测算所得的 ML 生产率指数相乘获得绿色全要素生产率的实际值。具体而言，假定起始年份 2003 年的绿色全要素生产率为 1，2004 年的绿色全要素生产率实际值为 2004 年的 ML 指数乘以 2003 年的基期值。依此类推。EFFCH 和 TECH 的实际值计算方法与此类似，最终得到 2003—2012 年工业企业绿色全要素生产率及分解指数的实际值。

2. 双重差分法

绿色信贷政策本身具备激励与限制并存的两种方式，2007 年原国家环保总局、中国人民银行和原银监会联合发布了《关于落实环保政策法规防范信贷风险的意见》，标志着中国绿色信贷政策的正式启动。《意见》规定了绿色信贷的应用方式和适用范围，并明确了各方职责。绿色信贷一般包括两项核心内容：一是在信贷政策和方式上对开展环保和节能项目的企业予以贷款倾斜和支持；二是严格控制高污染高耗能行业的贷款投入，以防止资源的浪费并提升企业的环保意识。通过以上两方面的工作，传递出企业作为借款人必须履行环境责任的明确信号，进而降低信贷风险，促进环境保护，实现经济与环境的双赢发展。

根据绿色信贷政策的内容，将企业样本分为三组，分别为鼓励类、限制淘汰类和允许类。鼓励类企业包括节能减排、环保行业等企业，属于绿色信贷的主要支持企业；限制淘汰类企业以高污染高排放和产能过剩的企业为主，属于绿色信贷不予贷款的企业；而允许类则是不属于以上两种类型企业的其他企业，虽然同属制造业，但这些企业的污染排放未达到绿色信贷政策规定的限制类别，又不属于节能环保行业，因此可以认为绿色信贷政策对这类企业无影响，在进一步的实证中将之作为对照组。

本章采用双重差分法分别对鼓励类企业和限制淘汰类企业的绿色全要素生产率变化进行估计。当衡量绿色信贷政策对环保支持企业的影响时，处理组为鼓励类企业，对照组为允许类企业；当衡量绿色信贷政策对污染行业的影响时，处理组为限制淘汰类企业，对照组为允许类企业。

$$\text{GTFP}_{ijkt} = \alpha \, \text{Post}_{2008} \times \text{Treat}_i + \beta X + \mu_i + \eta_j + \delta_{kt} + \varepsilon_{ijkt} \qquad (7.6)$$

其中，i 代表企业，j 代表三位数行业，k 代表二位数行业，t 代表年度，GTFP_{ijkt} 为企业 i 在 t 年度的绿色全要素生产率，Post_{2008} 为时间虚拟变量，代表绿色信贷政策实施的时间，在 2008 年及以后取值为 1；Treat_i 为区分处理组和控制组的虚拟变量，当考察绿色信贷政策对鼓励类企业的影响时，$\text{Treat} = 1$ 代表鼓励类企业，0 代表与绿色信贷政策无关的企业，当考察绿色信贷政策对限制类企业的影响时，$\text{Treat} = 1$ 代表限制类企业，0 代表与绿色信贷政策无关的企业；$\text{Post}_{2008} \times \text{Treat}_i$ 即为本章的核心解释变量，系数 α 代表绿色信贷政策对企业绿色全要素生产率的影响，当该系数显著为负时，说明绿色信贷政策显著抑制了受影响企业的绿色全要素生产率，反之，则表明该政策促进了企业的绿色全要素生产率增长；X 为一系列企业层面的特征变量；μ_i 为企业固定效应，用于控制企业层面不随时间变化的影响因素；η_j 为三位数行业固定效应，用于控制三位数行业层面不随时间变化的影响因素；δ_{kt} 为二位数行业与年度交互固定效应，用于控制二位数层面随时间变化的影响因素；ε_{ijkt} 为随机误差项。

7.3.2　数据来源与变量选择

本章所使用的原始数据来源于 2003—2012 年的《中国工业企业数据库》与《中国工业企业污染数据库》匹配后得到的样本，基本匹配方式是先按企业统一标准的代码和名称进行基础匹配，再根据企业的地址、邮政编码、电话号码后六位等信息进行辅助匹配。进一步地，将匹配样本整理为 2003—2012 年连续存在的面板数据，共 3479 家企业，涉及 44 个二位数行业。

1. 绿色全要素生产率的计算数据

绿色全要素生产率的投入和产出指标包括要素投入（资本投入、劳动

力投入和资源投入)、期望产出和非期望产出。具体计算过程如下:

要素投入包括资本投入、劳动力投入和资源投入。其中,资本投入按照大部分文献的既定做法(张军和章元,2004),本章采用永续盘存法对资本存量进行估算,公式为 $K_t = (1-\delta)K_{t-1} + I_t/P_t$,$K_t$ 为当期的资本存量,K_{t-1} 为前一期的资本存量;I_t 为当期的固定资产投入,P_t 表示将当期的固定资产投入用企业所在省份和二位数行业的固定资产投资价格指数进行平减;δ 为折旧率,根据已有文献(Wang and Yao,2003;崔兴华和林明裕,2019),本章以5%作为折旧率。劳动力投入用企业年末从业人员总数计算。资源投入沿用涂正革和肖耿(2009)年的方法,利用企业的工业煤炭消耗量代表工业企业的原材料资源投入,主要原因在于长期以来中国的能源消耗以煤炭为主,且煤炭的消耗量与 SO_2 排放量直接相关(刘伟 等,2008)。

期望产出用企业工业总产值计算,并根据二位数行业的生产者出厂价格指数进行平减,平减指数来源于《中国价格统计年鉴》。

非期望产出同样沿用涂正革和肖耿(2009)年的做法,用企业当年的 SO_2 排放量代表污染水平,原因在于 SO_2 污染物大多来自工业生产排放而非生活排放,且在数据上具有超越其他污染物的统计连续性。SO_2 排放量的数据来源于《中国工业企业污染数据库》。

2. 双重差分法使用的数据

根据绿色全要素生产率的计算结果,在使用双重差分法进行回归分析时将绿色全要素生产率(GTFP)作为被解释变量,区分处理组和对照组的虚拟变量和区分政策冲击前后的虚拟变量交互后作为核心解释变量。同时,在企业层面对企业的特征进行控制,主要包括企业规模(ln totalasset)、企业员工人数(ln staff)、企业年龄(ln age)、资产负债率(lev)、资产回报率(ROA)以及企业投资规模(invest)。具体变量解释见表7.1。

表7.1　　　　　　　　　　　　　　　变量定义

变量名称	变量符号	变量解释
被解释变量	GTFP	企业绿色全要素生产率
核心解释变量	Treat * Time	当企业为政策鼓励类企业或限制淘汰类企业时，treat＝1，否则为0；当年度在 2007 年以后时 time＝1，否则为0
企业控制变量	ln totalasset	对企业总资产取自然对数
	lev	企业资产负债率
	ln staff	对企业员工人数取自然对数
	ROA	企业资产报酬率，为净利润与总资产余额的比值
	Invest	企业新增固定资产投资占总资产比值
	ln age	对企业年龄取自然对数

（资料来源：作者整理）

　　本章的一个实证识别策略的核心在于区分处理组和对照组企业，主要采取行业分类来进行识别。由于 2007 年原国家环境保护总局和原银监会、中国人民银行等颁布的一系列绿色信贷政策均指出银行发放贷款要参照国家发改委关于产业政策的文件，因此以发改委在 2004 年颁布的《关于进一步加强产业政策和信贷政策协调配合控制信贷风险有关问题的通知》为主，对限制和淘汰类行业进行梳理，并参考各主要银行公布的 2007—2012 年"两高一剩"贷款余额数据，确定本章样本中的限制和淘汰类行业企业；根据原银监会发布的《节能减排授信工作指导意见》以及主要银行绿色信贷投向明细表，确定本章样本中的鼓励类行业企业。具体识别匹配根据工业企业二位数行业的标识进行，部分行业参照相关文件的信息匹配至三位数或四位数行业①，分类结果见表 7.2。

---

　　①　以同属于二位数行业的交通运输设备制造业为例，其中船舶制造属于限制淘汰类，而航空航天器制造则属于鼓励类。

表 7.2   二位数行业企业分类结果

	二位数行业及工业企业数量	合计
鼓励类	专用设备制造业(41)、交通运输设备制造业(67)、仪器仪表及文化、办公用机械制造业(8)、电力、热力的生产和供应业(20)、电气机械及器材制造业(53)、通信设备、计算机及其他电子设备制造业(30)、通用设备制造业(68)、金属制品业(70)	357
限制淘汰类	交通运输设备制造业(3)、化学原料及化学制品制造业(581)、有色金属冶炼及压延加工业(39)、有色金属矿采选业(2)、煤炭开采和洗选业(88)、煤炭采选业(3)、电力、热力的生产和供应业(3)、石油加工、炼焦及核燃料加工业(70)、石油加工及炼焦业(1)、通用设备制造业(20)、非金属矿物制品业(439)、黑色金属冶炼及压延加工业(124)、黑色金属矿采选业(9)	1392
允许类	农副食品加工业(27)、化学纤维制造业(27)、医药制造业(215)、印刷业和记录媒介的复制(7)、塑料制品业(39)、家具制造业(5)、工艺品及其他制造业(21)、文教体育用品制造业(11)、普通机械制造业(3)、有色金属矿采选业(6)、木材加工及木、竹、藤、棕、草制品业(31)、橡胶制品业(41)、水的生产和供应业(1)、烟草制品业(12)、燃气生产和供应业(3)、电力、蒸汽、热水的生产和供应业(1)、皮革、毛皮、羽绒及其制品业(46)、石油和天然气开采业(4)、纺织业(454)、纺织服装、鞋、帽制造业(29)、造纸及纸制品业(209)、非金属矿采选业(26)、食品制造业(144)、食品加工业(4)、饮料制造业(159)	1730
总计	3479	

（资料来源：作者整理）

在识别出三类不同企业样本的基础上，本章得以继续研究绿色信贷政策对限制淘汰类和鼓励类企业的不同影响。当研究绿色信贷政策对限制淘汰类企业绿色全要素生产率的影响时，处理组为限制淘汰类企业，对照组为允许类企业，样本描述性统计见 7.3；当研究绿色信贷政策对鼓励类企业绿色全要素生产率的影响时，处理组为鼓励类企业，对照组为允许类企业，样本描述性统计见表7.4。

表 7.3　　　　包含限制淘汰类和允许类企业样本的描述性统计

变量	观察数	平均值	标准差	最小值	最大值
处理组和对照组虚拟变量(treat)	27001	0.447	0.497	0	1
绿色全要素生产率(GTFP)	27001	1.094	0.494	0.246	28.199
企业规模(ln totalasset)	27001	11.672	1.567	6.921	19.383
企业员工数(ln staff)	27001	5.985	1.146	0	11.964
企业年龄(ln age)	27001	2.499	0.794	0	7.605
企业资产负债率(lev)	27001	0.595	0.279	−0.199	5.961
企业投资规模(invest)	27001	0.013	0.291	−17.614	3.786
企业资产报酬率(ROA)	27001	0.076	0.156	−1.358	3.514
企业利息开支(ln fee)	27001	6.096	3.266	0	15.321

表 7.4　　　　包含鼓励类和允许类企业样本的描述性统计

变量	观察数	平均值	标准差	最小值	最大值
处理组和对照组虚拟变量(treat)	17933	0.168	0.374	0	1
绿色全要素生产率(GTFP)	17933	1.118	0.597	0.337	28.199
企业规模(ln totalasset)	17933	11.691	1.475	5.94	19.383
企业员工数(ln staff)	17933	6.032	1.132	0	11.712
企业年龄(ln age)	17933	2.508	0.783	0	7.605
企业资产负债率(lev)	17933	0.585	0.278	−0.138	7.938
企业投资规模(invest)	17933	0.009	0.258	−12.842	3.786
企业资产报酬率(ROA)	17933	0.071	0.149	−1.358	3.514
企业利息开支(ln fee)	17933	5.967	3.213	0	14.093

7.4 实证结果分析

7.4.1 基准分析结果

本节以企业绿色全要素生产率作为因变量,对模型式(7.6)进行全样本回归分析,标准误聚类到企业。表7.5汇报了基准回归结果,第(1)列和第(2)列为限制淘汰类企业相比允许类企业绿色全要素生产率的变化,第(3)列和第(4)列为鼓励类企业相比允许类企业绿色全要素生产率的变化。根据第(1)列和第(2)列结果可以发现,在逐步加入企业层面的控制变量,并控制个体、年度和三位数行业固定效应后,绿色信贷政策导致限制淘汰类企业的绿色全要素生产率相比允许类企业而言降低了0.06个单位。同样,根据第(3)列和第(4)列结果可以发现,绿色信贷政策导致鼓励类企业的绿色全要素生产率相比允许类企业而言提高了0.19个单位。所有结果均在1%的水平下显著。对比限制淘汰类企业和鼓励类企业的不同结果可以看出,绿色信贷政策强化了限制淘汰类企业的融资约束,但缓解了鼓励类企业的融资约束,对这两类不同企业的绿色全要素生产率产生了截然相反的影响。

表7.5　　　　绿色信贷政策对企业全要素生产率的整体影响

变量名	(1) Pollute	(2) Pollute	(3) Green	(4) Green
Treat * Post	-0.0554^{***}	-0.0615^{***}	0.144^{***}	0.193^{***}
	(0.0172)	(0.0208)	(0.0359)	(0.0440)
企业层面控制变量 (规模、劳动力、年龄)	是	是	是	是
企业层面控制变量 (负债率、投资比例、ROA)	否	是	否	是

续表

	（1）	（2）	（3）	（4）
个体固定效应	是	是	是	是
年度固定效应	是	是	是	是
三位数行业固定效应	是	是	是	是
常数项	1.294***	1.110***	1.236***	1.001***
	（0.152）	（0.159）	（0.214）	（0.228）
样本量	29,897	27,001	19,865	17,933
R-squared	0.374	0.398	0.397	0.422

（注：小括号内为聚类到企业层面的稳健标准误，*、**和***分别表示显著性水平为 10%、5% 和 1%）

基准回归的结果说明绿色信贷政策通过限制甚至不予贷款的方式挤压污染企业的融资空间，减少资本投入，造成限制和淘汰类行业的工业企业整体绿色全要素生产率的降低；同时，该政策通过给予信贷优惠，简化审批流程等方式扶持节能环保企业，增加资本投入，从而提升了鼓励类行业的工业企业整体绿色全要素生产率。因此，该结果支持了假设 1 和假设 2。

为讨论企业异质性在绿色信贷政策影响企业绿色全要素生产率时存在的不同表现，本章接下来从企业产权属性和企业是否为外资企业两方面进行异质性分析，结果见表 7.6。

表 7.6　　　　　　　　**绿色信贷政策对企业的异质性影响结果**

变量名	（1） Pollute	（2） Green	（3） Pollute	（4） Green
Treat * Post	−0.0588***	0.244***	−0.0728***	0.113***
	（0.0209）	（0.0558）	（0.0212）	（0.0432）

	（1）	（2）	（3）	（4）
Treat * Post * SOE	−0.0100	−0.140*		
	(0.0283)	(0.0817)		
Treat * Post * FDI			0.103***	0.345***
			(0.0364)	(0.120)
企业层面控制变量	是	是	是	是
个体固定效应	是	是	是	是
年度固定效应	是	是	是	是
三位数行业固定效应	是	是	是	是
常数项	1.110***	1.006***	1.100***	0.970***
	(0.160)	(0.229)	(0.159)	(0.226)
样本量	27,001	17,933	27,001	17,933
R-squared	0.398	0.423	0.398	0.425

（注：小括号内为聚类到企业层面的稳健标准误，*、**和***分别表示显著性水平为10%、5%和1%）

1. 企业产权属性异质性分析

为了研究不同所有权性质的企业受到的影响是否一致，在模型中设置产权虚拟变量。SOE 表示国有企业的虚拟变量，非国有企业为参照基准，被解释变量是工业企业的绿色全要素生产率。其余变量定义等设定与模型式(7.6)一致。

$$\text{GTFP}_{ijkt} = \alpha_1\, \text{Post}_{2008} \times \text{Treat}_i + \alpha_2\, \text{Post}_{2008} \times \text{Treat}_i \times \text{SOE}_i$$
$$+ \beta X + \mu_i + \eta_j + \delta_{kt} + \varepsilon_{ijkt} \tag{7.7}$$

表7.6 的第(1)列显示绿色信贷政策对限制淘汰类的国企和非国企绿色全要素生产率具有相同的负面影响，国有企业和民营企业在受到金融机构贷款限制的政策冲击时，其绿色全要素生产率的下降幅度并没有显著差

别。这说明绿色信贷政策并没有因为企业的产权性质而对国有企业和民营企业区别对待。表 7.6 的第（2）列表明绿色信贷政策提升鼓励类的国有企业和民营企业绿色全要素生产率方面有所差异，民营节能环保行业在受到绿色信贷政策的扶持后，绿色全要素生产率有显著提升，但国有绿色企业在获得绿色信贷政策倾斜后，其绿色全要素生产率的提升幅度小于民营绿色企业的提升幅度。这可能与国企在研发和创新等领域激励不足有关，国有企业的现金流权归国家所有，而国有企业仅代为持有（侯青川 等，2015），国有企业的高管在某种形式上被称为"企业型政府官员"，更偏向于稳健保守的短期目标和收益，对研发创新领域的持续大量投入缺乏动力（唐跃军和左晶晶，2014），因此即使获得了信贷扶持政策，鼓励类的国有企业对绿色效率改进和绿色技术进步方面的投入力度不如民营企业大，取得的成效自然也不如民营企业显著。

2. 企业资金来源的异质性分析

绿色信贷政策主要是以引导信贷资本流向和调整信贷结构对企业的绿色全要素生产率产生影响，但不同企业面临的融资约束是不一致的，相对内资企业而言，外商直接投资意味着企业的融资渠道更丰富，资金成本得以降低，对银行借贷的依赖度更低（才国伟和杨豪，2019）；同时，外资企业的生产技术也更先进，因此在绿色信贷政策的影响效果上，内外资企业的反应程度可能存在差异。为检验以上分析，在模型中设置区分内外资企业的虚拟变量。FDI 表示外资企业的虚拟变量，内资企业为参照基准，被解释变量是工业企业的绿色全要素生产率。其余变量定义等设定与模型式（7.6）一致。

$$\text{GTFP}_{ijkt} = \alpha_1 \, \text{Post}_{2008} \times \text{Treat}_i + \alpha_2 \, \text{Post}_{2008} \times \text{Treat}_i \times \text{FDI}_i$$
$$+ \beta X + \mu_i + \eta_j + \delta_{kt} + \varepsilon_{ijkt} \qquad (7.8)$$

表 7.6 的第（3）列结果表明，限制和淘汰类的内资企业受到绿色信贷政策的负向冲击较显著，绿色全要素生产率平均降低 0.072 个单位，略高于基准回归结果（0.061）；但外资企业相比内资企业其绿色全要素生产率

有显著提升，从系数来看并未受到绿色信贷政策的负向冲击，这说明外资企业拥有外部融资渠道，在绿色技术和资源使用效率上存在明显优势，从而对绿色信贷政策的反应不敏感。表7.6第(4)列结果显示，鼓励类的内外资企业均获得绿色信贷政策带来的正向效果，但外资企业的正向提升相比内资企业更为显著，更进一步说明外资企业在绿色技术和生产效率上比内资企业存在更大优势。这与现有文献的结论基本相符(王兵，2010；郑强，2017；崔兴华和林明裕，2019)，即外资的引进带来了技术和管理上的先进方法，提升了接受外资的本国企业绿色全要素生产率。

7.4.2 稳健性检验

1. 平行趋势检验

是否满足平行趋势检验是判断双重差分稳健性的首要前提。图7.2和图7.3分别汇报了绿色信贷政策约束机制和激励机制效果的平行趋势图，以绿色信贷政策冲击的前一期为基期。可以发现，在绿色信贷政策颁布之

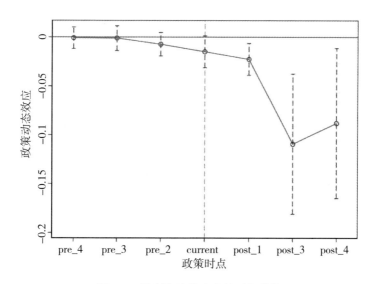

图 7.2 限制淘汰类企业的平行趋势

181

前，Treat * Post 交互项的系数并未显著异于零，且变化趋势较为平稳；在政策颁布之后，限制淘汰类企业的绿色全要素生产率相比允许类企业显著降低，而鼓励类企业的绿色全要素生产率相比允许类企业得到了显著提升。这说明在政策冲击之前，处理组和对照组具有相同的变化趋势，因而平行趋势检验得以通过。

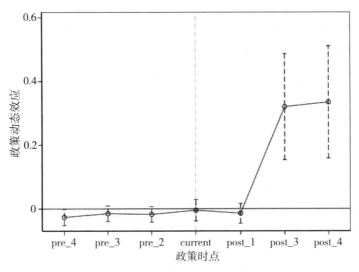

图 7.3　鼓励类企业的平行趋势

2. 预期效应检验

本章需要排除的一种情况是在 2007 年实施绿色信贷政策之前，工业企业已经对该政策产生了预期，那么在 2007 年之前会出现预期效应。在此检验中，将样本期间局限在 2003—2007 年，把虚拟的政策实施时间提前至 2005 年，同样以模型式(7.6)进行回归，表 7.7 的第(1)列和第(2)列为回归结果，可以发现在虚拟的政策时间和局限的样本期间内，交互项系数并不显著，因而可以排除预期效应的可能性，支持回归结果的稳健性。

表 7.7 预期效应检验与排除其他干扰政策

变量名	（1）Pollute	（2）Green	（3）Pollute	（4）Green
Treat * Post	−0.000039	0.00948	−0.0546***	0.153***
	(0.00345)	(0.00680)	(0.0200)	(0.0444)
企业层面控制变量	是	是	是	是
个体固定效应	是	是	是	是
年度固定效应	是	是	是	是
三位数行业固定效应	是	是	是	是
省份*年度固定效应	是	是	是	是
常数项	1.007***	1.066***	1.058***	0.827***
	(0.0353)	(0.0464)	(0.215)	(0.304)
样本量	15,235	10,067	21,021	13,960
R-squared	0.343	0.366	0.471	0.499

（注：小括号内为聚类到企业层面的稳健标准误，*、**和***分别表示显著性水平为 10%、5%和 1%）

3. 排除其他政策

本章选择的研究期间为 2003—2012 年。应该注意到 2005 是"十一五"规划的起点，"十一五"规划对产业政策和污染限制进行了顶层安排，提出了《"十一五"期间全国主要污染物排放总量控制计划》，要求到 2010 年，全国主要污染物排放总量(以两种污染物 SO_2 和化学需氧量 COD 排放量为主要评价对象)比 2005 年减少 10%。这一文件的出台可能会影响到工业企业污染排放量，进而影响企业绿色全要素生产率。因此本部分将研究期间限制在该政策出台以后的 2005—2012 年，再以模型式(7.6)进行回归，结果如表 7.7 的第(3)列和第(4)列所示，交互项系数与基准回归结果是一致的。

4. 控制省份年度和省份行业交互固定效应

尽管缩短样本区间后得到了与基准回归一致的结果，但仍不能完全排除《"十一五"期间全国主要污染物排放总量控制计划》对企业绿色全要素生产率的影响。参照陈登科（2021）的做法，考虑到该政策是以省份为单位来进行落实和推进的，故在回归方程中加入省份年度交互的固定效应来加以控制。同时，环境规制还可能在同一省份的不同行业内有差异地执行，因此还控制了省份和二位数行业的交互固定效应。表 7.8 汇报了在基准回归的基础上继续控制省份年度和省份行业交互固定效应后的回归结果。第（1）列和第（2）列为约束机制下污染行业绿色全要素生产率受到的负向冲击，第（1）列仅加入了省份年度交互固定效应，第（2）列加入了省份二位数行业交互固定效应，结果从系数大小和方向来看与基准回归一致。第（3）列和第（4）列为激励机制下环保行业绿色全要素生产率受到的正向影响，第（3）列仅加入了省份年度交互固定效应，第（4）列加入了省份二位数行业交互固定效应，结果同样与基准回归一致，因而更进一步验证了结果的稳健性。

表 7.8　　　　　　　　控制交互固定效应及可变处置程度结果

变量名	（1） Pollute	（2） Pollute	（3） Green	（4） Green	（5） Total
Treat * Post	-0.0566***	-0.0598***	0.170***	0.161***	
	(0.0203)	(0.0205)	(0.0444)	(0.0449)	
Lnfee * Post					0.00795***
					(0.00280)
企业层面控制变量	是	是	是	是	是
个体固定效应	是	是	是	是	是
年度固定效应	是	是	是	是	是
三位数行业固定效应	是	是	是	是	是

续表

	（1）	（2）	（3）	（4）	（5）
省份年度固定效应	是	是	是	是	是
省份＊二位数行业固定效应	否	是	否	是	是
常数项	1.001***	1.015***	0.819***	0.827***	1.187***
	（0.164）	（0.166）	（0.222）	（0.227）	（0.183）
样本量	27,001	26,999	17,925	17,921	29,987
R-squared	0.414	0.418	0.444	0.450	0.447

（注：小括号内为聚类到企业层面的稳健标准误，＊、＊＊和＊＊＊分别表示显著性水平为10%、5%和1%）

5. 利用企业利息支出作可变处置程度DID（Variable Treatment Intensity DID）

本章在识别策略上必须面对的一个质疑是，以行业为分类标准区分处理组和对照组过于粗略，不能准确识别同一行业中限制淘汰类、鼓励类企业和允许类企业。事实上，绿色信贷政策对同一行业中技术工艺水平、产品需求度和环境表现有差异的企业会采取"有保有压"的方式区别对待①。参照Qian（2008）的做法，不以虚拟变量区分处理组和对照组，而是替换为连续型变量衡量干预程度。本章采用企业获得贷款所支付的利息开支代替处理组和控制组的组别，代表绿色信贷政策对企业授信的干预程度，企业利息支出水平越高，说明该企业从银行获得的信贷资金越多，因此越有可能是支持类的企业；反之，没有贷款利息支出的企业则更可能为银行认定

---

① 以中国农业银行的政策文件为例，水泥行业虽然为"两高一剩"行业，但水泥行业中由人民银行、发改委等有关部门认定的60家信用等级高、产能高并符合环保要求的大型龙头企业，在农业银行总行批准的情况下可以作为支持类企业；钢铁行业中技术工艺先进、生产产品为市场短缺产品的钢铁企业也属于支持类企业。因此，不能完全按行业区分处理组和对照组。

的淘汰类企业。具体的识别模型如下：

$$\text{GTFP}_{ijkt} = \alpha \, \text{Post}_{2008} \times \ln \text{fee}_{it} + \beta X + \mu_i + \eta_j + \delta_{kt} + \varepsilon_{ijkt} \qquad (7.9)$$

其中，$\ln \text{fee}_{it}$ 表示企业 i 在 t 年的利息开支，其余变量定义与基准回归模型式(7.6)一致。表 7.8 第(5)列汇报了全部样本的作可变处置程度 DID 回归结果。可以发现，企业的利息开支每增加一倍，其绿色全要素生产率会提升 0.0079 个单位，且结果在 1% 的水平下显著。由此可见，企业的绿色全要素生产率与企业获得的信贷资金显著正相关，银行为企业提供的信贷支持越多，企业的绿色全要素生产率越能得到显著提升。基准回归中限制淘汰类企业由于不能继续获得银行贷款支持，其绿色全要素生产率下降，而鼓励类企业由于获得了银行更多的信贷优惠政策扶持，其绿色全要素生产率上升。该回归结果更直观地说明了信贷水平高低对绿色全要素生产率的影响，进一步支持了基准回归结果。

7.5　进一步分析

7.5.1　影响机制分析

以上内容通过实证分析和稳健性检验验证了绿色信贷政策的约束机制和激励机制对工业企业绿色全要素生产率的影响。本节则在此基础上进一步分析绿色信贷政策影响企业绿色全要素生产率的具体传导机制，从前文研究"是否有影响"转为研究"如何影响"的问题。

如前所述，绿色全要素生产率可被分解为技术效率变化和技术进步变化两部分。EFFCH 代表技术效率指数，主要涵盖了生产中经验积累、资源利用率、规模经济等因素，当其大于 1 时说明绿色技术效率改善，反之则表示绿色技术效率恶化；TECH 代表技术进步指数，主要体现企业的生产技术和工艺是否存在改进和创新，当其大于 1 时说明绿色技术在进步，反之则代表绿色技术在退步。本节采用以上两个分解指数作为因变量，代入模型式(7.6)进行回归，结果见表 7.9。

表 7.9 的第(1)列和第(2)列显示,限制淘汰类企业的 EFFCH 和 TECH 为因变量的回归结果均显著为负。受绿色信贷政策影响,限制淘汰类企业的技术效率下降,技术创新不足,出现退步,进而抑制了污染企业的绿色全要素生产率。这意味着,平均而言,大多数高污染高排放的企业并没有通过技术创新和改变生产模式来应对绿色信贷政策的负向冲击。

表 7.9 的第(3)列和第(4)列显示,鼓励类企业的 EFFCH 为因变量的回归结果不显著,而 TECH 为因变量的回归结果显著为正。这说明绿色信贷政策对环保企业的绿色全要素生产率激励作用是通过技术进步而非技术效率实现的。这一结论与杨莉莎等(2019)的分析结论一致,该研究认为中国 2005—2015 年期间碳减排的主要动力在于技术进步而非效率提升或能源、产业结构调整。本部分结论表明,鼓励类企业在获得了绿色信贷资金供给后,将资金用于绿色创新,提升技术水平,而不是弥补生产的成本损失。因此,从这一结果可以看出,绿色信贷政策的激励机制有助于绿色产业的发展。

表 7.9　　　　　　　　　　　　进一步分析结果

变量名	(1)	(2)	(3)	(4)	(5)	(6)
	Pollute		Green		Pollute	Green
	EFFCH	TECH	EFFCH	TECH	GTFP	GTFP
Treat * Post	−0.00535 **	−0.0367 ***	0.00326	0.177 ***	−0.00867	0.269 ***
	(0.00221)	(0.0141)	(0.00458)	(0.0364)	(0.0313)	(0.0644)
Treat * Post * Medium					−0.106 ***	−0.158
					(0.0395)	(0.111)
Treat * Post * Low					−0.0670 **	−0.240 ***
					(0.0291)	(0.0741)
企业层面控制变量	是	是	是	是	是	是
个体固定效应	是	是	是	是	是	是
年度固定效应	是	是	是	是	是	是

	（1）	（2）	（3）	（4）	（5）	（6）
三位数行业固定效应	是	是	是	是	是	是
省份＊年度固定效应	是	是	是	是	是	是
常数项	1.049 ***	0.814 ***	1.026 ***	0.720 ***	1.003 ***	0.798 ***
	（0.0210）	（0.119）	（0.0271）	（0.199）	（0.164）	（0.220）
样本量	27,001	27,001	17,925	17,925	27,001	17,925
R-squared	0.146	0.455	0.167	0.482	0.415	0.446

（注：小括号内为聚类到企业层面的稳健标准误，＊、＊＊和＊＊＊分别表示显著性水平为 10%、5% 和 1%）

7.5.2　研发投入的异质性分析

如前所述，绿色信贷政策抑制了限制淘汰类企业的绿色全要素生产率，平均而言限制淘汰类企业的技术创新和技术效率均有所下降。但从理论上讲，这些企业只要通过改进新技术进行绿色转型，就可以应对信贷政策可能带来的负向冲击。反之，如果环保企业没有将资金用于新技术的研发，则其绿色全要素生产率也不会增长。污染企业中是否存在进行技术创新和绿色转型的企业，环保企业中是否存在不注重绿色创新的企业，为回答以上问题，本部分作进一步分析。

企业的技术创新和绿色转型离不开研发投入。由于《中国工业企业数据库》仅在 2005—2007 年披露了工业企业的研发投入，因此本部分以企业在 2005—2007 年研发投入的平均数作为企业研发水平的代理变量。以此方式进行分析的另一个优势在于所使用的研发投入数据是政策发生前企业的研发行为，未受到政策影响，代表企业原有的研发意愿，因此能更准确地衡量企业初始研发水平高低在应对绿色信贷政策冲击时的异质性反应。

在模型中设置区分企业研发水平的虚拟变量。将 2005—2007 年的处理组企业研发投入资金取平均数，然后等分成 10 份，其中研发投入最高的三等份为高研发组(High),中间四等份为中等研发组(Medium),而投入最少的三等份为低研发组(Low)。以高研发水平企业为参照基准,被解释变量是工业企业的绿色全要素生产率。其余变量定义等设定与模型式(7.6)一致。

$$GTFP_{ijkt} = \alpha_1 Post_{2008} \times Treat_i + \alpha_2 Post_{2008} \times Treat_i \times Low_i$$

$$+ \alpha_3 Post_{2008} \times Treat_i \times Medium_i + \beta X + \mu_i + \eta_j + \delta_{kt} + \varepsilon_{ijkt}$$

$$(7.10)$$

表 7.9 的第(5)列表示,在限制和淘汰行业面对绿色信贷政策的负向冲击时,高研发组受到的负面影响最小,绿色全要素生产率仅下降 0.008 个单位但不显著。中等研发组和低研发组相比高研发组均受到显著负向影响,绿色全要素生产率分别下降 0.114 和 0.068 个单位,且在 1% 和 5% 的水平下显著。这说明企业在技术研发领域投入的成本越多,越不受信贷政策的负面影响,即使该企业属于限制和淘汰类的行业,只要企业注重研发投入,改进生产技术,进行绿色转型,就能提升绿色全要素生产率。表 7.9 第(6)列表示,在鼓励类行业普遍面临信贷政策扶持的背景下,高研发组获得最积极的正面效果,绿色全要素生产率提升 0.269 个单位,高于基准回归中得到的平均水平(0.193)。中等研发组的绿色全要素生产率受到影响与高研发组相比区别不显著,但系数已有所下降。而系数下降幅度最大的是低研发组,其绿色全要素生产率的变化显著低于高研发组,几乎未受到政策的正面影响。这说明即使是鼓励类的企业,如果企业本身不注重技术积累和研发投入,那么绿色信贷的鼓励政策并不会对这些企业产生积极效果,不注重研发的企业绿色全要素生产率不会得到提升。

7.6 本章小结

本章利用工业企业数据库和污染数据库对绿色信贷政策影响企业绿色全要素生产率进行了研究,在已有文献的基础上更进一步地将工业企业分为受绿色信贷政策正面影响、受负面影响和不受影响三类,通过双重差分法衡量绿色信贷政策对不同产业所造成的激励效应与约束效应，通过实证分析得出以下结论：

第一，绿色信贷政策的约束效应导致污染行业绿色全要素生产率整体下降，这意味着污染行业的污染排放量下降是由于企业迫于环境规制压力，采取末端治理的方式进行的，并未因绿色信贷政策的倒逼而实现绿色转型。这一结论与陆菁(2021)的结论相符，即绿色信贷政策带来的成本增加和约束效应导致高污染企业技术创新下降。但本章进一步地分析了绿色信贷政策对环保企业的激励效应，发现环保企业得益于绿色信贷政策的扶持，绿色全要素生产率整体提升，实现了绿色增长。

第二，机制分析表明，绿色信贷政策对污染行业的融资限制使得该行业企业的技术进步和技术效率均显著下降，从而带来绿色全要素生产率的下降。整体而言，污染行业在受到绿色信贷政策的环境规制后，并未产生"波特效应"。与此同时，绿色信贷政策通过提升环保行业的技术进步水平，进而带来了环保企业绿色全要素生产率的提高。

第三，从进一步分析来看，重视研发投入的污染行业企业受绿色信贷政策的约束效应较小，而不重视研发投入的环保行业企业受绿色信贷政策的激励效应也较为有限。因此，绿色信贷政策的效果和影响程度根据企业研发投入高低而有所不同，属于限制淘汰类行业的污染企业如果及时转变经营理念，增加技术研发投入，即使整体行业受负向影响，研发投入高的限制淘汰类企业其绿色全要素生产率仍会提升。

第四，异质性分析表明，绿色信贷政策的约束效应对限制淘汰类企业中的国有企业和民营企业绿色全要素生产率负向冲击没有明显差别，但其激励效应对民营企业的绿色全要素生产率的提升更为显著。同时，绿色信贷政策的约束效应对限制淘汰类的内资企业影响更大，外资企业基本不受负向影响；绿色信贷政策的激励效应对鼓励类的企业中外资企业的正向提升相比内资企业更为显著。

根据以上分析，本章提出如下政策启示：

首先，进一步完善和细化绿色信贷的约束和激励机制。正如前文分析指出，限制淘汰类的传统企业中也有研发投入较高的企业，但即使研发投入高的传统企业受限于融资约束，也未能因绿色信贷政策实现绿色全要素生产率的提升，成功进行绿色转型。环境规制中的约束措施其目的是为倒逼传统污染企业的技术提升和转型升级，但对于企业而言，技术的升级需要大量研发资金投入，因此，对于限制淘汰类企业中有研发基础和转型意向的企业，应当区别对待，引导和扶持传统企业从污染型转变为清洁型，真正实现波特效应。相应地，也没有必要"一刀切"地对所有鼓励类企业进行融资扶持，对于鼓励类企业中研发投入较少的企业，考虑到其研发意愿的不足，不能引致绿色发展，可以将这一部分资金配置到污染企业中研发和升级意愿更高的企业，实现资金的优化配置。

其次，激励企业研发技术投入，将企业的技术效率和技术水平纳入信贷评估体系中。实现绿色全要素生产率的增长关键在于提升技术效率和技术进步水平。单纯地对企业以行业进行划分而进行信贷资源配置上的区别对待可能导致污染行业企业受限于融资约束而无法进行技术研发投入，环保行业则可能出现"滥竽充数"现象，以政策红利取代自身努力。因此，在对行业进行划分的基础上要进一步根据企业的技术研发能力、研发投入和工艺水平等进行区分，引导信贷资金投入有能力也有意愿进行绿色发展的企业中去，通过激励行业中研发能力高且转型意愿强的企业，进而带动整个产业的绿色发展。

最后，给予企业调整的空间和时间。企业的研发投入转换成技术成果，到实现真正的经济和环境双赢效应是存在较长时滞的，企业需要有一定的调整和转换时间。在绿色信贷政策设计和评估中要充分考虑到不同行业的特性，在制定过程中要深入企业进行调研，根据企业的反应不断动态调整实施措施，给予企业调整的空间和时间，灵活有效地实施政策。绿色信贷政策的实施目的在于引导企业实现环境与经济的双赢，而这一目标实现的关键在于激发企业的创新动力，因此政策需要与企业行为和反应相配合，引导和培育企业更好地发展。

第8章 结论与启示

党的十八大以来，作为新发展理念的重要组成部分，绿色发展的理论与实践得到不断深化，成为人类命运共同体的重要内容。社会经济的绿色转型与发展是中国未来经济高质量发展的必然选择，而绿色转型与发展需要充分发挥各类绿色金融供给在资源配置方面的作用。绿色金融政策作为以市场交易型为主的规制形式，能更好地界定政府与市场的关系，促进有为政府与有效市场的结合，以金融机制为抓手将环境外部性内部化，实现经济的绿色转型与发展。当前中国绿色经济发展势头强劲，但从发展趋势上看亟须形成绿色金融体系以增进协同发展效应。因此，本书聚焦于构建绿色金融体系，以市场化为导向促进经济绿色发展，从理论和实证两方面分析了绿色金融政策的激励机制对经济绿色发展的推动机制和路径，并得出了相关的政策启示。

8.1 研究结论

在正式分析绿色金融政策对经济绿色发展的促进路径之前，本书首先梳理总结了中国绿色金融政策的发展历程和相关内容，并展示了当前中国绿色金融的实践现状和未来进一步发展所面临的挑战，对下一步发展方向进行探讨。随后从理论和实证两方面进行分析，通过信息传递与规制理论提出绿色金融解决外部性的优势和推进绿色发展的路径，从环境信息披露政策、绿色债券发行指引和绿色信贷政策入手，对政策效果进行评估，得出以下结论：

第一，绿色金融发展取得较大成就，但仍需进一步完善。从绿色金融产品的层次结构和发展程度来看，一方面，绿色金融产品的市场规模不断扩大，社会经济效益较为可观：2013 年以来中国主要银行机构的绿色信贷规模呈逐年递增的态势，2013 年绿色信贷余额为 51983.1 亿元，2019 年绿色信贷规模相比 2013 年翻了一倍，达到 106000 亿元。2016 年全国共发行 80 只绿色债券，发行额 2071.31 亿元，2019 年共发行 340 只绿色债券，发行额 2956.42 亿元，贴标绿色债券发行位列全球第一。绿色信贷的节水量自 2014 年起超过了 60000 万吨，节约标准煤减排量在年均 20000 万吨左右。与此同时，绿色信贷对二氧化硫和化学需氧量的减排效果也十分明显，二氧化硫减排量超过 400 万吨，化学需氧量的减排量超过 200 万吨。另一方面，绿色金融产品的总量规模仍有限，结构配置有待优化：绿色信贷占全年总贷款的比重仅在 6% 到 8% 的区间内波动，绿色债券占全部债券的发行量比重为 4%~6%，且 2020 年甚至下降到 4% 以下。绿色债券中对节能环保项目的支持规模呈逐年上升的趋势，而对战略性新兴产业的信贷支持相比节能环保项目而言，总量规模较少，且逐年的比重持平，并没有上升。

第二，绿色金融发展方向需进一步深化绿色与金融的融合度，构建全面的绿色金融体系。从绿色金融发展模式来看，当前基于交易的发展模式存在无法忽视的弊端，其一是环境风险有长期性属性，投资者难以全面了解并做出准确决策，期望投资者完全理解产品中的环境风险并进行准确决策是不现实的。其二是潜在发行人的参与成本过高，限制了绿色金融的发展。因此，后续发展一是要考虑在投资者决策过程中全面纳入环境风险。在市场投资者的决策过程中缺乏环境风险考虑的主要原因在于对风险的评估信息缺失。金融部门未能正确为环境风险进行价格评估，长期而言可能威胁金融体系的稳定。二是要对供给端和需求端进行疏导。对于具有绿色投资偏好的投资者而言，其面临的阻碍可能在于如何筛选、分析和选择合适的绿色标的进行购买。对期望发行绿色证券的发行人而言，其面临的主要阻碍可能在于发行成本如何降低的问题。这就需要政府对绿色金融和绿色产业的标准进行清晰具体的定义，要求绿色金融产品做好环境信息披露，引导和推进第三方认证，为绿色债券、绿色基金等上市发行提供专项支持，降低认证费用等。三是需要政策引导提供额外的激励支持。环境领域的投入与产出存在长周期特点，而且可能存在一定的无效性，以市场为基础的配置可能不足以产生用于环境投资的充足资源，政府要在一定程度上进行经济干预，引导市场需求转向绿色投资。

通过以上对绿色金融发展现状的概况进行梳理，第 4 章从概念辨析和理论基础出发，对绿色金融推进绿色发展的路径进行探索。绿色发展意味着必须平衡经济发展与环境保护的关系，寻找双赢的解决途径。环境经济学中对外部性内部化的主要解决方式是参照科斯的产权理论和庇古的环境税理论。但正如第 4 章分析所指出的，以上两种方法并不能完美解决环境问题，进而促进社会经济效益提升。金融体系作为现代经济的核心，对资源的配置存在天然优势。将绿色融入金融，通过金融领域绿色化将环境外部性问题转化为内部性收益可以从源头解决污染治理问题，实现科技创新含量高的绿色产业取代传统高能耗高污染产业，成为经济高质量发展的排头兵和主力军。第 4 章对金融规制理论和以梯若尔的研究为主体的激励与规制理论进行梳理归纳，构建了绿色金融促进绿色发展的实现路径，以绿色金融政策引导资金进入绿色产业，缓解环保企业的道德风险和逆向选择问题，降低环保企业融资成本，促进绿色产业发展。同时约束资金流出传统高污染高耗能产业，从源头上制止污染问题。

第三，发行绿色债券承担了信号传递功能，有助于缓解道德风险和逆向选择。第 5 章以中国上市公司发行绿色债券行为的市场反应为研究对象，发现企业发行绿色债券的行为具备外部融资激励效应，即企业发行绿色债券后释放出该企业的环境治理行为和技术得到债券市场投资者和政府监管认可的双重信用认证信号，且企业会获得发行流程简化、发行利率和税收等方面的政策优惠，从而得到资本市场投资者对发行绿色债券的企业有更正面的市场反应，企业会获得更高水平的外部融资。发行绿色债券的企业在债券市场获得融资的基础上进一步拓宽融资渠道，在资本市场上也能得到融资优势，解决了环保行业的企业普遍面临的投资额度大且回报周期长的问题，从长期来看，发行绿色债券的上市企业相比发行普通债券的企业而言其全要素生产率水平更高。

第四，在绿色金融推动绿色发展过程中第三方机构承担着重要角色。企业更全面真实地披露环境信息、形成更强烈的环境责任意识是实现资本市场绿色发展的关键，但当前企业的环境信息披露水平普遍较低应当如何破局？第6章以第三方机构公布环境信息披露质量评分为准自然试验，通过多期双重差分实证检验了第三方机构评价的公布与重污染行业企业市场价值之间的关系。研究发现，首先，较低的环境信息披露水平所隐含的不确定性诱导大股东和机构投资者减持以规避风险，第三方机构的介入结果导致被评价企业市值平均下降约5.49%；其次，因国有企业和大中型企业中以稳定型投资者为主，在第三方机构介入后受到的负向冲击更为显著；最后，第三方机构的介入提升了非国有大中型企业后续的环境披露水平。总之，第三方评价激发了资本市场的绿色导向，是优化绿色投融资机制的重要抓手。

第五，绿色信贷是引导和优化资源配置提高环保产业绿色发展的重要抓手。第7章利用工业企业数据库和污染数据库对绿色信贷政策影响企业绿色全要素生产率进行了研究，将工业企业分为受绿色信贷政策正面影响、受负面影响和不受影响三类，通过双重差分法衡量绿色信贷政策对不同产业所造成的激励效应与约束效应，发现绿色信贷政策的约束效应导致污染行业绿色全要素生产率整体下降，但绿色信贷政策对环保企业存在激励效应，环保企业得益于绿色信贷政策的扶持，绿色全要素生产率整体提升，实现了绿色增长。污染行业在受到绿色信贷政策的环境规制后，并未产生"波特效应"。但与之相对应的是绿色信贷政策通过提升环保行业的技术进步水平，进而带来了环保企业绿色全要素生产率的提高。

第六，科技水平的提升是实现绿色发展的基础。第7章的研究结果表明，重视研发投入的污染行业企业受绿色信贷政策的约束效应较小，而不重视研发投入的环保行业企业受绿色信贷政策的激励效应也较为有限。绿色金融通过运用各种金融资源、金融工具、金融服务对企业的绿色转型和发展所需的技术改进和创新进行全生命周期的融资支持，是绿色发展得以落实的关键。整体而言，国家需要进一步完善和细化绿色金融的约束和激励机制，改善技术型企业的发展环境。在提升环保产业绿色发展的同时，也要关注到污染行业的绿色转型过程，其中的关键在于加大企业的技术创新研发投入。

8.2　政策启示

当前，中国经济的增长方式正处于从粗放型、数量型和资源驱动型为主的高速发展向集约型、结构型和技术驱动型为主的高质量发展转变过程中。经济增长方式的转变不仅包含了效益的提升，更重要的是体现了社会经济发展与生态环境共存共生的关系。中国不能也不应当效仿西方发达国家走"先污染后治理"的老路，而是要统筹目标、责任和利益，建立高度协同的生态文明制度体系，探索出经济与环境协同发展的新型道路。改善生态环境就是发展生产力，这不仅意味着要把生态环境恢复成"绿水青山"，还要将"绿水青山"打造成"金山银山"。对经济增长的要求不可谓不高，金融作为现代经济的核心，在优化资源配置、促进经济绿色发展的方面势必要有所作为。绿色金融是金融服务支持实体经济绿色发展的有力抓手和重要的撬动杠杆。在当前绿色金融实践规模和水平不断提升的时刻，本书基于研究分析，提出以下政策启示，以期进一步推进和开拓绿色金融的广度与深度，更好地促进经济绿色发展。

第一，强化绿色金融理念推广，让投资者和企业理解绿色金融的环境与经济协调发展效应，以行动支持绿色金融的全面深化。当前绿色金融理念已得到一定程度的认可和接受，但仍不够普及，大型投资基金、证券市场等也尚未将绿色投资纳入主流的投资组合。必须要加大投资者和企业对绿色金融理念的理解，并使其明了，绿色转型与发展是大势所趋，对环境造成负面影响的传统企业无法进行可持续经营，因环境污染而造成的环境风险和投资风险更大，长期的投资回报率差强人意；而清洁节能、环境友好型的新兴产业才是未来发展的方向，对环境风险的降低和技术水平的提升，能带来可观的长期投资回报。绿色金融理念的深入人心是绿色金融得以持续推动绿色发展的根本所在。

第二，强化政府绿色金融的政策支持，进一步释放政策红利，引导政府信用运用于绿色金融供给激励上。政府通过公共政策的支持可以有效减少信息不对称，缓解企业的道德风险和逆向选择问题，通过政府引导和传递信号，带动社会资本进入绿色金融领域。例如，绿色债券的融资所支撑的环保项目多具有资金需求量大和投资周期长的特点，为了提升绿色债券的吸引力，政府可以出台优惠政策支持绿色债券融资工具发行，对绿色债券的发行人和承销机构给予一定的财政奖励；在企业开展绿色项目需要融资时，政府可以对绿色项目进行审批评估，建立绿色项目库，对入库的绿色项目给予增信待遇，优先支持入库项目发行绿色债券，以增信和优惠的方式改善信息不对称问题，降低环保项目的融资成本，吸引社会资本投入环保领域，促进经济绿色发展。

第三，以完善信息协同和共享为主要内容，建立有效的多部门协调合作机制，并加强政府部门与第三方机构之间、第三方机构与公众之间的信息交流。由于绿色金融的发展涉及众多参与者，信息传导交流的重要性更为凸显。就规制部门而言，国家发改委、金融监督部门、财税部门和环保部门等均负有主体职责，只有建立了统一、协调、长效和顺畅的跨部门沟通机制，才能避免绿色金融政策在执行上的混淆不清，确保执行效果。同时，政府部门的规制存在较大成本，第三方机构具有专业性和效率性，可以为政府部门和公众提供有效信息，应当鼓励第三方评价和认证机构进入ESG评级、环境信息披露评价、绿色债券评级和研发绿色股指等领域。政府部门可以与第三方机构建立共享的协作平台，充分利用社会监督与评价的力量，获得对执法和政策落实进展的及时反馈，减少政府规制执行成本，提高执行工作效率。

第四，鼓励引导企业积极进行绿色创新，加大对绿色研发技术投入。

绿色技术创新对资金的匹配度要求更高，需要更多中长期融资，单靠企业单枪匹马是难以为继的，但同时绿色技术创新是实现绿色发展的关键所在，是绿色金融推进绿色发展的重要着力点。当前正值国家深化改革的关键期，面临产业转型升级、更新迭代等各方压力，更需加大创新力度以获取市场竞争力。绿色金融需要通过运用各种金融资源、金融工具和金融服务对科技型的环保企业以及由污染型向清洁技术型转型的原污染企业提供全生命周期的融资支持，推动这些企业从无到有、从小到大、从弱到强地培育壮大和发展成熟。绿色金融可以从促进和激发政府市场双重活力出发积极推动企业绿色创新。一方面，政府可以通过对金融机制方面进行政策引导，改善科技型企业的发展环境；另一方面，市场通过竞争优胜劣汰，淘汰那些打着"科技型""绿色环保型"旗号但实质上滥竽充数的企业，使得绿色金融推进绿色发展的路径更为顺畅。

总之，绿色金融是将"绿水青山"变为"金山银山"的金融机制，既是金融业的重塑与更新，也是促进经济绿色发展的一条必由之路。在新时代的历史的转折时期，绿色金融通过资源配置，引导资源绿色流向，促进产业结构调整，转变经济增长模式，减少资源环境约束，必将在推动绿色发展的过程中大有可为。

参 考 文 献

[1]才国伟,杨豪.外商直接投资能否改善中国要素市场扭曲[J].中国工业经济,2019(10):42-60.

[2]陈淡泞.中国上市公司绿色债券发行的股价效应[J].山西财经大学学报,2018,40(S2):35-38.

[3]陈启清,贵斌威.金融发展与全要素生产率:水平效应与增长效应[J].经济理论与经济管理,2013(7):58-69.

[4]陈诗一,陈登科.雾霾污染,政府治理与经济高质量发展[J].经济研究,2018,53(2):20-34.

[5]陈伟光,胡当.绿色信贷对产业升级的作用机理与效应分析[J].江西财经大学学报,2011(4):12-20.

[6]陈羽桃,冯建.企业绿色投资提升了企业环境绩效吗——基于效率视角的经验证据[J].会计研究,2020(1):179-192.

[7]丁杰.绿色信贷政策、信贷资源配置与企业策略性反应[J].经济评论,2019(4):62-75.

[8]丁宁,任亦侬,左颖.绿色信贷政策得不偿失还是得偿所愿?——基于资源配置视角的PSM-DID成本效率分析[J].金融研究,2020(4):112-130.

[9]杜金岷,吕寒,张仁寿,吴非.企业R&D投入的创新产出、约束条件与校正路径[J].南方经济,2017(11):18-36.

[10]杜莉,张鑫.绿色金融、社会责任与国有商业银行的行为选择[J].吉林大学社会科学学报,2012,52(5):82-89+160.

[11] 杜莉, 郑立纯. 中国绿色金融政策质量评价研究[J]. 武汉大学学报 (哲学社会科学版), 2020, 73(3): 115-129.

[12] 方先明, 那晋领. 创业板上市公司绿色创新溢酬研究[J]. 经济研究, 2020, 55(10): 106-123.

[13] 方颖, 郭俊杰. 中国环境信息披露政策是否有效: 基于资本市场反应 的研究[J]. 经济研究, 2018, 53(10): 158-174.

[14] 冯仁涛, 张庆, 余翔. 商标、广告对企业市场价值的贡献研究——基 于医药行业的实证分析[J]. 管理评论, 2013, 25(6): 154-160.

[15] 冯天丽, 井润田. 制度环境与私营企业家政治联系意愿的实证研究 [J]. 管理世界, 2009(8): 81-91+123.

[16] 古志辉, 郝项超, 张永杰. 卖空约束、投资者行为和 A 股市场的定价 泡沫[J]. 金融研究, 2011(2): 129-148.

[17] 郭梅亮, 徐璋勇. 二重结构与中国金融制度变迁的路径选择: 一个新 制度经济学的视角[J]. 西北大学学报(哲学社会科学版), 2010, 40 (4): 84-90.

[18] 郭沛源. 绿色金融期待变革——盘点《关于构建绿色金融体系的指导 意见》十个创新[J]. 环境经济, 2016(Z6): 22-25.

[19] 郭晔, 苏彩珍, 张一. 社会责任信息披露提高企业的市场表现了么? [J]. 系统工程理论与实践, 2019, 39(4): 881-892.

[20] 韩超, 张伟广, 冯展斌. 环境规制如何"去"资源错配——基于中国首 次约束性污染控制的分析[J]. 中国工业经济, 2017(4): 115-134.

[21] 韩立岩, 蔡立新, 尹力博. 中国证券市场的绿色激励: 一个四因素模 型[J]. 金融研究, 2017(1): 145-161.

[22] 韩海文, 张宏婧. 自愿性信息披露的短期价值效应探析[J]. 审计与经 济研究, 2009, 24(4): 50-58.

[23] 何凌云, 梁宵, 杨晓蕾, 钟章奇. 绿色信贷能促进环保企业技术创新 吗[J]. 金融经济学研究, 2019, 34(5): 109-121.

[24] 赫尔曼·E. 戴利. 超越增长: 可持续发展的经济学[M]. 上海: 上海

译文出版社，2006.

[25]侯青川，靳庆鲁，陈明端．经济发展、政府偏袒与公司发展——基于
政府代理问题与公司代理问题的分析[J]．经济研究，2015，50(1)：
140-152.

[26]胡荣才，张文琼．开展绿色信贷会影响商业银行盈利水平吗？[J]．金
融监管研究，2016(7)：92-110.

[27]黄宪，黄彤彤．论中国的"金融超发展"[J]．金融研究，2017(2)：
26-41.

[28]解维敏，方红星．金融发展、融资约束与企业研发投入[J]．金融研
究，2011(5)：171-183.

[29]柯武刚，史漫飞．制度经济学：社会秩序与公共政策[M]．北京：商
务印书馆，2000.

[30]孔东民，刘莎莎，应千伟．公司行为中的媒体角色：激浊扬清还是推
波助澜？[J]．管理世界，2013(7)：145-162.

[31]黎文靖，孔东民．信息透明度、公司治理与中小股东参与[J]．会计研
究，2013(1)：42-49+95.

[32]黎文靖，路晓燕．机构投资者关注企业的环境绩效吗？——来自我国
重污染行业上市公司的经验证据[J]．金融研究，2015(12)：97-112.

[33]李百兴，王博，卿小权．企业社会责任履行、媒体监督与财务绩效研
究——基于A股重污染行业的经验数据[J]．会计研究，2018(7)：
64-71.

[34]李玲，陶锋．中国制造业最优环境规制强度的选择——基于绿色全要
素生产率的视角[J]．中国工业经济，2012(5)：70-82.

[35]李毓，胡海亚，李浩．绿色信贷对中国产业结构升级影响的实证分
析——基于中国省级面板数据[J]．经济问题，2020(1)：37-43.

[36]赖黎，马永强，夏晓兰．媒体报道与信贷获取[J]．世界经济，2016，
39(9)：124-148.

[37]梁志慧．发行绿色债券市场反应与股票投资者绿色偏好研究[J]．区域

金融研究，2018（9）：44-48.

[38]廖显春，李小慧，施训鹏. 绿色投资对绿色福利的影响机制研究［J］.
中国人口·资源与环境，2020，30（2）：148-157.

[39]刘贯春，张军，丰超. 金融体制改革与经济效率提升——来自省级面
板数据的经验分析［J］. 管理世界，2017（6）：9-22+187.

[40]刘杰，陈佳，刘力. 投资者关注与市场反应——来自中国证券交易所
交易公开信息的自然实验［J］. 金融研究，2019（11）：189-206.

[41]刘强，王伟楠，陈恒宇.《绿色信贷指引》实施对重污染企业创新绩效
的影响研究［J］. 科研管理，2020，41（11）：100-112.

[42]刘世锦. 加快形成绿色发展的基本框架［J］. 环境与可持续发展，
2020，45（6）：17-19.

[43]刘伟，鞠美庭，邵超峰，于敬磊. 中国能源消耗趋势与节能减排对策
［J］. 环境保护，2008（17）：38-42.

[44]刘锡良，文书洋. 中国的金融机构应当承担环境责任吗？——基本事
实、理论模型与实证检验［J］. 经济研究，2019，54（3）：38-54.

[45]刘勇，白小滢. 中国股票市场的绿色激励：可持续发展视角［J］. 经济
管理，2020，42（1）：155-173.

[46]吕备，李亚男. 从系统管理视角看环境信息披露与企业价值的关系
［J］. 系统科学学报，2020，28（2）：123-128.

[47]陆江源，张平，袁富华，傅春杨. 结构演进、诱致失灵与效率补偿
［J］. 经济研究，2018，53（9）：4-19.

[48]陆菁，鄢云，王韬璇. 绿色信贷政策的微观效应研究——基于技术创
新与资源再配置的视角［J］. 中国工业经济，2021（1）：174-192.

[49]马红旗，申广军. 产能过剩与全要素生产率的估算：基于中国钢铁企
业的分析［J］. 世界经济，2020，43（8）：170-192.

[50]马亚明，胡春阳，刘鑫龙. 发行绿色债券与提升企业价值——基于
DID 模型的中介效应检验［J］. 金融论坛，2020，25（9）：29-39.

[51]马妍妍，俞毛毛. 出口企业更"绿色"吗？——基于上市公司绿色投资

行为的分析[J].经济经纬，2020，37（3）：71-80.

[52]马勇，陈雨露.金融发展中的政府与市场关系："国家禀赋"与有效边界[J].财贸经济，2014（3）：49-58.

[53]毛盛志，张一林.金融发展、产业升级与跨越中等收入陷阱——基于新结构经济学的视角[J].金融研究，2020（12）：1-19.

[54]牛海鹏，张夏羿，张平淡.我国绿色金融政策的制度变迁与效果评价——以绿色信贷的实证研究为例[J].管理评论，2020，32（8）：3-12.

[55]潘安娥，郭秋实.政府监管与企业环境信息披露——基于高管环保意识的调节作用[J].软科学，2018，32（10）：84-87.

[56]青木昌彦.政府在经济发展中的作用——《政府在东亚经济发展中的作用：比较制度分析》中文版前言[J].改革，1997（5）：114-116.

[57]邱兆祥，刘永元.以绿色金融推动生态文明建设[J].理论探索，2020（6）：83-89.

[58]邵宜航，步晓宁，张天华.资源配置扭曲与中国工业全要素生产率——基于工业企业数据库再测算[J].中国工业经济，2013（12）：39-51.

[59]商迪，李华晶，姚珺.绿色经济、绿色增长和绿色发展：概念内涵与研究评析[J].外国经济与管理，2020，42（12）：134-151.

[60]沈能.环境效率、行业异质性与最优规制强度——中国工业行业面板数据的非线性检验[J].中国工业经济，2012（3）：56-68.

[61]沈洪涛，游家兴，刘江宏.再融资环保核查、环境信息披露与权益资本成本[J].金融研究，2010（12）：159-172.

[62]唐啸，胡鞍钢.绿色发展与"十三五"规划[J].学习与探索，2016（11）：120-125+176.

[63]唐跃军，左晶晶.所有权性质、大股东治理与公司创新[J].金融研究，2014（6）：177-192.

[64]唐勇军，马文超，夏丽.环境信息披露质量、内控"水平"与企业价

值——来自重污染行业上市公司的经验证据[J]. 会计研究, 2021 (7): 69-84.

[65] 田红彬, 郝雯雯. FDI、环境规制与绿色创新效率[J]. 中国软科学, 2020(8): 174-183.

[66] 田利辉, 王可第. 社会责任信息披露的"掩饰效应"和上市公司崩盘风险——来自中国股票市场的 DID-PSM 分析[J]. 管理世界, 2017(11): 146-157.

[67] 王佳菲. 正确认识和运用"看不见的手"和"看得见的手"——学习习近平总书记关于政府和市场关系的系列论述[J]. 经济研究, 2016, 51 (3): 46-48.

[68] 王贤彬, 王淑芳. 刺激计划与企业融资——基于"四万亿"政策的理论分析与实证检验[J]. 产业经济评论, 2019(3): 50-67.

[69] 王遥, 潘冬阳, 彭俞超, 梁希. 基于 DSGE 模型的绿色信贷激励政策研究[J]. 金融研究, 2019 (11): 1-18.

[70] 王遥, 潘冬阳. 金融推动碳中和进程——"绿色金融学术研讨会"综述 [J]. 中央财经大学学报, 2021(11): 129.

[71] 王仲兵, 靳晓超. 碳信息披露与企业价值相关性研究[J]. 宏观经济研究, 2013(1): 86-90.

[72] 危平, 舒浩. 中国资本市场对绿色投资认可吗?——基于绿色基金的分析[J]. 财经研究, 2018, 44(5): 23-35.

[73] 维拉希尔·拉克霍, 埃德温·扎卡伊, 郑寰, 潘丹. 法国环境政策 40 年: 演化、发展及挑战[J]. 国家行政学院学报, 2011(5): 123-127.

[74] 文书洋, 林则夫, 刘锡良. 绿色金融与经济增长质量: 带有资源环境约束的一般均衡模型构建与实证检验[J]. 中国管理科学, 2021(3): 1-11.

[75] 吴红军, 刘啟仁, 吴世农. 公司环保信息披露与融资约束[J]. 世界经济, 2017, 40(5): 124-147.

[76] 熊家财. 我国上市公司环境会计信息披露现状与影响因素——来自重

污染行业上市公司的经验证据[J]. 南方金融，2015(12)：42-48.

[77] 许年行，于上尧，伊志宏. 机构投资者羊群行为与股价崩盘风险[J]. 管理世界，2013(7)：31-43.

[78] 薛俭，朱迪. 绿色信贷政策能否改善上市公司的负债融资？[J]. 经济经纬，2021，38(1)：152-160.

[79] 杨广青，杜亚飞，刘韵哲. 企业经营绩效、媒体关注与环境信息披露[J]. 经济管理，2020，42(3)：55-72.

[80] 杨莉莎，朱俊鹏，贾智杰. 中国碳减排实现的影响因素和当前挑战——基于技术进步的视角[J]. 经济研究，2019，54(11)：118-132.

[81] 杨棉之，赵鑫，张伟华. 机构投资者异质性、卖空机制与股价崩盘风险——来自中国上市公司的经验证据[J]. 会计研究，2020(7)：167-180.

[82] 杨伟智. 绿色发展[J]. 党的文献，2012(2)：108+118.

[83] 杨伟中，余剑，李康. 金融资源配置、技术进步与经济高质量发展[J]. 金融研究，2020(12)：75-94.

[84] 杨烨，谢建国. 环境信息披露制度与中国企业出口国内附加值率[J]. 经济管理，2020，42(10)：39-58.

[85] 姚圣，周敏. 政策变动背景下企业环境信息披露的权衡：政府补助与违规风险规避[J]. 财贸研究，2017，28(7)：99-110.

[86] 喻灵. 股价崩盘风险与权益资本成本——来自中国上市公司的经验证据[J]. 会计研究，2017(10)：78-85+97.

[87] 曾颖，陆正飞. 信息披露质量与股权融资成本[J]. 经济研究，2006(2)：69-79+91.

[88] 战明华. 金融摩擦、货币政策银行信贷渠道与信贷资源的产业间错配[J]. 金融研究，2015(5)：1-17.

[89] 张杰，杨连星，新夫. 房地产阻碍了中国创新么？——基于金融体系贷款期限结构的解释[J]. 管理世界，2016(5)：64-80.

[90] 张杰，杨连星. 资本错配、关联效应与实体经济发展取向[J]. 改革，

2015(10)：32-40.

[91]张军，金煜．中国的金融深化和生产率关系的再检测：1987—2001
[J]．经济研究，2005(11)：34-45.

[92]张淑惠，史玄玄，文雷．环境信息披露能提升企业价值吗？——来自
中国沪市的经验证据[J]．经济社会体制比较，2011(6)：166-173.

[93]张文中，窦瑞．绿色信贷对中国商业银行效率的影响研究——基于
SBM-GMM 模型[J]．投资研究，2020，39(11)：17-28.

[94]张璇，李子健，李春涛．银行业竞争、融资约束与企业创新——中国
工业企业的经验证据[J]．金融研究，2019(10)：98-116.

[95]赵勇，雷达．金融发展与经济增长：生产率促进抑或资本形成[J]．世
界经济，2010，33(2)：37-50.

[96]周立，王子明．中国各地区金融发展与经济增长实证分析：1978—
2000[J]．金融研究，2002(10)：1-13.

[97]周绍妮，张秋生，胡立新．机构投资者持股能提升国企并购绩效
吗？——兼论中国机构投资者的异质性[J]．会计研究，2017(6)：67-
74+97.

[98]朱俊明，王佳丽，余中淇，杨姝影，文秋霞．绿色金融政策有效性分
析：中国绿色债券发行的市场反应[J]．公共管理评论，2020，2(2)：
21-43.

[99]朱民，等．改变未来的金融危机[M]．北京：中国金融出版社，2009.

[100]朱沛华，陈林．工业增加值与全要素生产率估计——基于中国制造
业的拟蒙特卡洛实验[J]．中国工业经济，2020(7)：24-42.

[101]朱炜，孙雨兴，汤倩．实质性披露还是选择性披露：企业环境表现
对环境信息披露质量的影响[J]．会计研究，2019(3)：10-17.

[102]庄毓敏，储青青，马勇．金融发展、企业创新与经济增长[J]．金融
研究，2020(4)：11-30.

[103]Aboud A，Diab A. The Impact of Social，Environmental and Corporate
Governance Disclosures on Firm Value［J］．Journal of Accounting in

Emerging Economies, 2018, 8(4): 442-458.

[104] Aghion P,Howitt P, Mayer-Foulkes D. The Effect of Financial Development on Convergence: Theory and Evidence [J]. The Quarterly Journal of Economics, 2005, 120(1): 173-222.

[105] Aghion P, Alesina A, Trebbi F. Endogenous Political Institutions [J]. The Quarterly Journal of Economics, 2004, 119(2): 565-611.

[106] Aghion P, Bacchetta P, Banerjee A. Financial Development and the Instability of Open Economies[J]. Journal of Monetary Economics, 2004, 51(6): 1077-1106.

[107] Aghion P, Van Reenen J, Zingales L. Innovation and Institutional Ownership[J]. American Economic Review, 2013, 103(1): 277-304.

[108] Angeletos G M, Hellwig C, Pavan A. Signaling in a Global Game: Coordination and Policytraps [J]. Journal of Political Economy, 2006, 114(3): 452-484.

[109] Azhgaliyeva D, Kapoor A, Liu Y. Green Bonds for Financing Renewable Energy and Energy Efficiency in South-East Asia: A Review of Policies [J]. Journal of Sustainable Finance and Investment, 2020, 10 (2): 113-140.

[110] Banks J S, Sobel J. Equilibrium Selection in Signaling Games [J]. Econometrica: Journal of the Econometric Society, 1987, 5: 647-661.

[111] Beck T, Levine R, Loayza N. Finance and the Sources of Growth[J]. Journal of Financial Economics, 2000, 58(1-2): 261-300.

[112] Beck T, Levine R. Stock Markets, Banks and Growth: Panel Evidence [J]. Journal of Banking and Finance, 2004, 28(3): 423-442.

[113] Belenzon S, Chatterji A K, Daley B. Eponymous Entrepreneurs [J]. American Economic Review, 2017, 107(6): 1638-1655.

[114] Blankespoor E, deHaan E, Marinovic I. Disclosure Processing Costs Investors' Information Choice and Equity Market Outcomes: A Review[J].

Journal of Accounting and Economics, 2020, 70(2-3): 101344.

[115]Broadstock D C, Cheng L T W. Time-varying Relation between Black and Green Bond Price Benchmarks: Macroeconomic Determinants for the First Decade[J]. Finance Research Letters, 2019, 29: 17-22.

[116]Brunnermeier S B,Levinson A. Examining the Evidence on Environmental Regulations and Industry Location[J]. The Journal of Environment and Development, 2004, 13(1): 6-41.

[117]Cambell D, Shrives P, Bohmbach-saager H. Voluntary Disclosure of Mission Statements in Corporate Annual Reports: Signals What and to Whom[J]. Business and Society Review, 2001, 106(1): 65-87.

[118]Campbell J Y, Lettau M, Malkiel B G, et al. Have Individual Stocks Become More Volatile? An Empirical Exploration of Idiosyncratic Risk[J]. The Journal of Finance, 2001, 56(1): 1-43.

[119]Chatzitheodorou K,Skouloudis A, Evangelinos K, et al. Exploring Socially Responsible Investment Perspectives: A Literature Mapping and an Investor Classification[J]. Sustainable Production and Consumption, 2019(19): 117-129.

[120]Chen Q P,Ning B, Pan Y, et al. Green Finance and Outward Foreign Direct Investment: Evidence from a Quasi-natural Experiment of Green Insurance in China[J]. Asia Pacific Journal of Management, 2022, 39: 899-924.

[121]Chen Y, Xie J. Third-party Product Review and Firm Marketing Strategy [J]. Marketing Science, 2005, 24(2): 218-240.

[122]Chen Z, Kahn M E, Liu Y, et al. The Consequences of Spatially Differentiated Water Pollution Regulation in China [J]. Journal of Environmental Economics and Management, 2018(88): 468-485.

[123]Cho I K, Kreps D M. Signaling Games and Stable Equilibria[J]. The Quarterly Journal of Economics, 1987, 102(2): 179-221.

[124] Christopoulos D K, Tsionas E G. Financial Development and Economic Growth: Evidence from Panel Unit Root and Cointegration Tests [J]. Journal of Development Economics, 2004, 73(1): 55-74.

[125] Chung Y H, Färe R, Grosskopf S. Productivity and Undesirable Outputs: A Directional Distance Function Approach [J]. Journal of Environmental Management, 1997, 51(3): 229-240.

[126] Clarkson P M, Fang X, Li Y, et al. The Relevance of Environmental Disclosures: Are Such Disclosures Incrementally Informative? [J]. Journal of Accounting and Public Policy, 2013, 32(5): 410-431.

[127] Coase R H. The Problem of Social Cost [J]. The Journal of Law and Economics, 2013, 56(4): 837-877.

[128] Connelly B L, Certo S T, Ireland R D, et al. Signaling Theory: A Review and Assessment [J]. Journal of Management, 2011, 37(1): 39-67.

[129] Cox P, Wicks P G. Institutional Interest in Corporate Responsibility: Portfolio Evidence and Ethical Explanation [J]. Journal of Business Ethics, 2011, 103(1): 143-165.

[130] Cui H, Wang R, Wang H. An Evolutionary Analysis of Green Finance Sustainability Based on Multi-agent Game [J]. Journal of Cleaner Production, 2020, 269(Oct. 1): 121799. 1-121799. 16.

[131] Curley M. Finance Policy for Renewable Energy and a Sustainable Environment [M]. Boca Raton: CRC Press, 2014.

[132] Deegan C. Introduction: The Legitimising Effect of Social and Environmental Disclosures-a Theoretical Foundation [J]. Accounting, Auditing and Accountability Journal, 2002, 15(3): 282-311.

[133] Dhaliwal D S, Li O Z, Tsang A, et al. Voluntary Nonfinancial Disclosure and the Cost of Equity Capital: The Initiation of Corporate Social Responsibility Reporting [J]. The Accounting Review, 2011, 86(1):

59-100.

[134] Durrani A, Rosmin M, Volz U. The Role of Central Banks in Scaling up Sustainable Finance-What Do Monetary Authorities in the Asia-Pacific Region Think? [J]. Journal of Sustainable Finance and Investment, 2020, 10(2): 92-112.

[135] Epstein G, Crotty J. How Big is Too Big? On the Social Efficiency of the Financial Sector in the United States [M]. Edward Elgar Publishing, 2013.

[136] Febi W, Schäfer D, Stephan A, et al. The Impact of Liquidity Risk on the Yield Spread of GreenBonds [J]. Finance Research Letters, 2018, 27: 53-59.

[137] Foster J B, Magdoff F. The Great Financial Crisis: Causes and Consequences [M]. New York: NYU Press, 2009.

[138] Freeman R E. The Politics of Stakeholder Theory: Some Future Directions [J]. Business Ethics Quarterly, 1994: 409-421.

[139] Frias-Aceituno J V, Rodríguez-Ariza L, Garcia-Sánchez I M. Explanatory Factors of Integrated Sustainability and Financial Reporting [J]. Business Strategy and the Environment, 2014, 23(1): 56-72.

[140] Friedman M. The Social Responsibility of Business is to Increase Its Profits [M]. Corporate Ethics and Corporate Governance. Springer, Berlin, Heidelberg, 2007: 173-178.

[141] Gambacorta L, Mistrulli P E. Bank Heterogeneity and Interest Rate Setting: What Lessons Have We Learned Since Lehman Brothers? [J]. Journal of Money, Credit and Banking, 2014, 46(4): 753-778.

[142] Ghoul S E, Guedhami O, Kim Y. Country-level Institutions, Firm Value, and the Role of Corporate Social Responsibility Initiatives [J]. Journal of International Business Studies, 2017, 48(3): 360-385.

[143] Gianfrate G, Peri M. The Green Advantage: Exploring the Convenience

of Issuing Green Bonds[J]. Journal of Cleaner Production, 2019(219):127-135.

[144] Grossman S J, Stiglitz J E. Information and Competitive Price Systems [J]. The American Economic Review, 1976, 66(2): 246-253.

[145] Guthrie J, Parker L D. Corporate Social Reporting: a Rebuttal of Legitimacy Theory [J]. Accounting and Business Research, 1989, 19 (76): 343-352.

[146] Heckelman J C, Coates D. On the Shoulders of a Giant: the Legacy of Mancur Olson [M]. Collective Choice. Springer, Berlin, Heidelberg, 2003: 1-13.

[147] Hellmann T, Murdock K, Stiglitz J. Financial Restraint: toward a New Paradigm[J]. The Role of Government in East Asian Economic Development: Comparative Institutional Analysis, 1997, 8: 163-207.

[148] Hogg M A, Terry D J, White K M. A Tale of Two Theories: A Critical Comparison of Identity Theory with Social Identity Theory [J]. Social Psychology Quarterly, 1995, 58: 255-269.

[149] Höhne N, Khosla S, Fekete H, et al. Mapping of Green Finance delivered by IDFC members in 2011[R]. Cologne: Ecofys, 2012.

[150] Glavas D. Green Regulation and Stock Price Reaction to Green Bond Issuance[J]. Finance, 2020, 41(1): 7-51.

[151] Guild J. The Political and Institutional Constraints on Green Finance in Indonesia[J]. Journal of Sustainable Finance and Investment, 2020, 10 (2): 157-170.

[152] Ji Q, Zhang D. How Much Does Financial Development Contribute to Renewable Energy Growth and Upgrading of Energy Structure in China? [J]. Energy Policy, 2019, 128: 114-124.

[153] Karpf A, Mandel A. The Changing Value of the 'Green' Label on the US Municipal Bond Market [J]. Nature Climate Change, 2018, 8 (2):

161-165.

[154] Krippner G R. The Financialization of the American Economy[J]. Socio-economic Review, 2005, 3(2): 173-208.

[155] La Ferrara E, Chong A, Duryea S. Soap Operas and Fertility: Evidence from Brazil[J]. American Economic Journal: Applied Economics, 2012, 4(4): 1-31.

[156] Law S H, Kutan A M, Naseem N A M. The Role of Institutions in Finance Curse: Evidence from International Data [J]. Journal of Comparative Economics, 2018, 46(1): 174-191.

[157] Law S H, Singh N. Does Too Much Finance Harm Economic Growth? [J]. Journal of Banking and Finance, 2014(41): 36-44.

[158] Le T H, Nguyen C P, Park D. Financing Renewable Energy Development: Insights from 55 Countries[J]. Energy Research and Social Science, 2020 (68): 101537.

[159] Levine R. The Legal Environment, Banks and Long-run Economic Growth [J]. Journal of Money, Credit and Banking, 1998: 596-613.

[160] Levine R, Loayza N, Beck T. Financial Intermediation and Growth: Causality and Causes [J]. Journal of Monetary Economics, 2000, 46 (1): 31-77.

[161] Li M, Gao Y, Meng B, et al. Managing the Mitigation: Analysis of the Effectiveness of Target-based Policies on China's Provincial Carbon Emission and Transfer[J]. Energy Policy, 2021(151): 112189.

[162] Martin P R, Moser D V. Managers' Green Investment Disclosures and Investors' Reaction[J]. Journal of Accounting and Economics, 2016, 61 (1): 239-254.

[163] McKinnon R I. The Order of Economic Liberalization: Financial Control in the Transition to a Market Economy[M]. Baltimore: JHU Press, 1993.

[164] Menkhoff L, Tolksdorf N. Financial Market Drift: Decoupling of the

Financial Sector from the Real Economy? [M]. Berlin: Springer Science and Business Media, 2000.

[165] Meyer K E, Estrin S, Bhaumik S K, et al. Institutions, Resources and Entry Strategies in Emerging Economies [J]. Strategic Management Journal, 2009, 30(1): 61-80.

[166] Minsky H P. Financial Institutions and Monetary Policy—Discussion[J]. American Economic Review, 1963, 53(2): 401-412.

[167] Minsky H P, Kaufman H. Stabilizing an Unstable Economy[M]. New York: McGraw-Hill, 2008.

[168] Mitié S R P. Green Banking-Green Financial Products with Special Emphasis on Retail Banking Products[D]. Sremska Kamenica: Educons University, 2012.

[169] North D C. Institutions, Institutional Change and Economic Performance [M]. Cambridge: Cambridge University Press, 1990.

[170] O' Dwyer B. The Case of Sustainability Assurance: Constructing a New Assurance Service [J]. Contemporary Accounting Research, 2011, 28 (4): 1230-1266.

[171] Olson M, Heckelman J C, Coates D. Collective Choice: Essays in Honor of Mancur Olson [M]. Berlin: Springer Science and Business Media, 2003.

[172] Paroussos L, Fragkiadakis K, Fragkos P. Macro-economic Analysis of Green Growth Policies: the Role of Finance and Technical Progress in Italian Green Growth[J]. Climatic Change, 2019, 6: 1-18.

[173] Petr Jakubik, Sibel Uguz. Impact of Green Bond Policies on Insurers: Evidence from the European Equity Market[J]. Journal of Economics and Finance, 2021, 45: 381-393.

[174] Pigou A C. A Study in Public Finance[M]. London: Macmillan and Co., Ltd., 1928.

[175]Ragozzino R,Reuer J J. Geographic Distance and Corporate Acquisitions: Signals from IPOFirms [J]. Strategic Management Journal, 2011, 32 (8): 876-894.

[176]Reimsbach D, Hahn R, Gürtürk A. Integrated Reporting and Assurance of Sustainability Information: An Experimental Study on Professional Investors' Information Processing [J]. European Accounting Review, 2018, 27(3): 559-581.

[177]Reuer J J,Tong T W, Wu C W. A Signaling Theory of Acquisition Premiums: Evidence from IPO Targets [J]. Academy of Management Journal, 2012, 55(3): 667-683.

[178]Riley J G. Silver Signals: Twenty-five Years of Screening and Signaling [J]. Journal of Economic literature, 2001, 39(2): 432-478.

[179]Roland G. Understanding Institutional Change: Fast-moving and Slow-moving Institutions[J]. Studies in Comparative International Development, 2004, 38(4): 109-131.

[180]Ross S A. The Determination of Financial Structure: the Incentive-signalling Approach[J]. The Bell Journal of Economics, 1977, 8(1): 23-40.

[181]Rozenberg J, Hallegatte S, Perrissin-Fabert B, et al. Funding Low-carbon Investments in the Absence of a Carbon Tax[J]. Climate Policy, 2013, 13(1): 134-141.

[182]Sachs,Jeffrey, et al. Handbook of Green Finance: Energy Security and Sustainable Development[M]. Berlin: Springer, 2019.

[183]Salazar J. Environmental Finance: Linking Two Worlds[C]. A Workshop on Financial Innovations for Biodiversity Bratislava. 1998, 1: 2-18.

[184]Sandner P G, Block J. The Market Value of R&D, Patents and Trademarks[J]. Research Policy, 2011, 40(7): 969-985.

[185]Soedarmono W, Sitorus D, Tarazi A. Abnormal Loan Growth, Credit

参考文献

Information Sharing and Systemic Risk in Asian Banks[J]. Research in International Business and Finance, 2017(42): 1208-1218.

[186]Spence M. Market Signaling: Informational Transfer in Hiring and Related Screening Processes[M]. Cambridge: Harvard University Press, 1974.

[187]Tietenberg T. Disclosure Strategies for Pollution Control[J]. Environmental and Resource Economics, 1998, 11(3): 587-602.

[188]Tirole J. The Theory of Corporate Finance[M]. Princeton: Princeton University Press, 2010.

[189]Tombe T, Winter J. Environmental Policy and Misallocation: The Productivity Effect of Intensity Standards[J]. Journal of Environmental Economics and Management, 2015(72): 137-163.

[190]Vlachos J, Waldenström D. International Financial Liberalization and Industry Growth[J]. International Journal of Finance and Economics, 2005, 10(3): 263-284.

[191] Wallis J J. The Public Promotion of Private Interest (Groups)[M]. Collective Choice. Springer, Berlin, Heidelberg, 2003: 219-245.

[192] Wisniewski M, Zieliński J. Green Bonds as an Innovative Sovereign Financial Instrument[J]. Ekonomia i Prawo. Economics and Law, 2019, 18(1): 83-96.

[193]Wong W C, Batten J A, Mohamed-Arshad S B, et al. Does ESG Certification Add Firm Value?[J]. Finance Research Letters, 2020, 5: 101593.

[194]Zerbib O D. The Effect of Pro-environmental Preferences on Bond Prices: Evidence from Green Bonds[J]. Journal of Banking and Finance, 2019 (98): 39-60.

[195]Zhang D,Zhang Z, Managi S. A Bibliometric Analysis on Green Finance: Current Status, Development and Future Directions[J]. Finance Research Letters, 2019(29): 425-430.

215

[196]Zhang X, Tan J, Chan K C. Environmental Law Enforcement as External Monitoring: Evidence from the Impact of an Environmental Inspection Program on Firm-Level Stock Price Crash Risk[J]. International Review of Economics and Finance, 2021(71): 21-31.

[197] Zhou X, Tang X, Zhang R. Impact of Green Finance on Economic Development and Environmental Quality: a Study Based on Provincial Panel Data from China [J]. Environmental Science and Pollution Research, 2020, 27(16): 19915-19932.

[198] Zhu J, Ye K, Tucker J W, et al. Board Hierarchy, Independent Directors and Firm Value: Evidence from China[J]. Journal of Corporate Finance, 2016, 41: 262-279.

[199]Zwick E, Mahon J. Tax Policy and Heterogeneous Investment Behavior [J]. American Economic Review, 2017, 107(1): 217-248.